하늘을 품고 이 땅에서
살아내기

/성경 인물을 통한 인생 가이드

하늘을 품고 이 땅에서 **살아내기**
/ 성경 인물을 통한 인생 가이드

초판발행 2024년 2월 26일

지은이 우성민
펴낸이 윤화성
펴낸곳 **열림Books**
주   소 인천광역시 서구 승학로 551 동곡프라자 204호
출판등록 2023년 9월 22일 제 2023-000059호
ISBN 979-11-986578-0-0 03230

책값은 뒤표지에 있습니다

일러두기 / 본문에 인용된 성경구절은 [개역개정]을 기본으로 하였고,
그 외의 역본은 본문 안에 밝혀 표기하였다

하늘을 품고 이 땅에서

살아내기

우성민

성경 인물을 통한 인생 가이드

열림Books

살아있는 하나님의 말씀의 세계로

성경을 정확하게 잘 이해하고 그것을 효과적이고 설득력 있게 잘 전달하는 것은 너무도 중요합니다. 그 중요성은 아무리 강조해도 지나치지 않을 것입니다.

그런데 그것은 쉽지 않다는 사실을 우리 모두가 인정합니다. 성경의 가르침을 오늘의 우리 현실과 삶에 적용할 수 있도록 전달하는 것은 더더욱 어려운 일입니다.

많은 경험이 필요하고 성경에 대한 깊이 있는 연구가 선행되어야 하기 때문입니다. 무엇보다도 그 말씀을 자신의 삶에 실천하며 살아내는 영적 체험적인 훈련이 되어 있어야 하기 때문입니다.

그렇기 때문에 너무도 소중하고 귀한 이야기이지만 자칫 틀에 박힌 진부한 이야기가 아닌 여전히 우리에게 살아 있는 하나님의 말씀으로 전달하는 좋은 성경교사가 너무도 필요한 시대인 것 같습니다.

불신자들과 신자들 모두가 섞여 있는 대학에서 학생들을

대상으로 오랫동안 성경을 가르쳐 온 우성민 목사님이 이번에 출간한 이 책은 그런 고민들이 녹아 있는 책이라고 판단됩니다.

이 책은 성경이 마치 외계의 이야기처럼 들리는 불신자들이나 고리타분하고 진부한 이야기로 들리는 신자들 모두에게 재미 있는 이야기, 오늘의 이야기, 그러면서도 살아 있는 하나님의 말씀의 세계로 이끌어 줄 것이라고 생각합니다.

박용규

총신대학교 신학대학원 명예교수
한국기독교사연구소 소장

머리말 성경 이야기는 오늘 우리 이야기입니다.

　암이 몸을 정복해서 야위고 지친 아버지가 얼마 남지 않은 기력을 모아 힘겹게 아들에게 말했다.

　"하나님 앞에서 정직해라."

　내게 남기신 유언이다. 목회자인 아들에게 인생의 선배, 먼저 그 길을 간 선배 목사, 그리고 사랑하는 아버지로 주신 마지막 교훈이었다. 아들이 하나님 앞에서 정직하게 살아야 성도로서 성공적이고 행복한 삶을 살고, 목회의 기본 또한 이것이라고 믿었으리라. 그리고 그것이 당신의 온 인생을 통해 얻은 깨달음의 핵심이었을 것이다.

　아버지의 유언은 나에게 나무 기둥에 박힌 녹슨 못처럼 깊이 자리한 기억과 가르침으로 남았다. 선택의 순간 그 가르침은 기준이 되고, 혼란의 순간 갈 길을 열어주는 등불이 된다. 그리고 그 가르침을 복기하고, 따라 하며, 감히 거스르지 않으려 조심스럽게 세상을 살려고 노력한다.

　이런 삶의 태도는 오직 나만의 것은 아닐 것이다. 많은 사람들은 닮고 싶은 사람을 배우고 흉내내며 자신의 생활을 다듬고 만들어간다. 이렇게 인생의 롤 모델이 있다는 것은 어두운 항해 길에서 만나는 막막함을 이기게 하는 힘이 된다.

　짧지 않은 시간 학교에서 성경과 성경 속 인물들을 가르치고 있다. 강의실에 들어오는 젊은이들이 성경 속 인물들에게서 하나님 나라를 배우고, 복음과 구원이 전제된 행복한 삶을 살아갈 길과 교훈을 찾기를 바라면서 강의한다.

　한번은 이런 일이 있었다. 수업이 끝난 후 한 여학생이 교탁으로 다가와서 웃으면서 내게 말했다. 항상 수업을 열심히 들으며 반응해주는 고마운 학생이었다.

　"교수님, 제가 주말에 재미있는 영화를 봤는데 너무나 성경적이어서 교수님께 추천드리고 싶습니다."

　학생이 수업에 열심히 참여하더니 성경에 관심이 생겼나 싶어 고맙기도 하고 대견하기도 해서 나는 기쁘게 답했다.

　"그래? 재미있는 영화였나보구나. 제목이 뭐니?"

　학생은 뿌듯한 미소를 지으며 영화 제목을 말해주었다.

　"키아누 리브스 주연의 '콘스탄틴'입니다."

　학생이 추천해 준 영화는 이미 내가 본 영화였다. 그래서 나는 웃으며 영화 추천 고맙다고 말했지만 속으로는 매우 당황했다. 왜냐하면 그 영화는 성경과는 전혀 상관이 없는 상업용 오락 영화이기 때문이다. 학생이 성경적이라고 생각한 이유는 영화 속에 나오는 캐릭터들이 성경 속 천사와 악마의 이름, 가브리엘, 루시퍼를 사용하기 때문이었을 것이다.

이 일을 통해 내가 갖고 있던 한 가지 의문에 대한 답이 분명해졌다. 강의를 거듭하면서도 학생들이 성경의 이야기를 어떻게 받아들이고 있는지 알기 어려웠다. 그런데 학생들에게 성경 이야기는 역사가 아니라 판타지 소설에 가깝고 성경의 인물들은 소설 속 등장인물일 뿐이었다. 성경 이야기가 복음과 교훈으로 다가가는 것이 아니라, 다소 허황된 판타지 소설로 소모되고 있다는 것을 인정하지 않을 수 없었다. 그러니 흥미가 있어 재미있게 들으면 좋을 수 있지만, 흥미를 느끼지 못한다면 내 수업은 세상에 재미없고, 지루한 시간일 수밖에 없다. 백 번을 양보해도 그저 잘되라고 하는 좋은 잔소리 수준은 아닐까?

나의 아쉬움은 여기서 시작했다.

성경 속 인물들은 인생의 성공과 실패를 결정할 중요한 선택을 해야 하고, 서로 사랑하고 보호해야 할 가족과 친구들이 서로 미워하고 갈등하고, 자신이 속한 사회 속에서 정체성의 혼란을 겪고, 아무도 알아주지 않는 꿈을 꾸며 소외된 채 살았다. 이 이야기는 지금도 주변에서 일어나는 일들이고, 우리가 날마다 직면하는 문제들이다. 성경의 이야기는 여전히 우리의 삶에서 허다하게 만나는 사건과 상황과 다르지 않고, 성경 속 인물들의 선택과 태도는 그것이 부정적으로든 긍정적으로든 현재에도 적용되기에 충분한 영향력을 갖는다는 말이다. 그저 옛날 이야기나 믿기 어려운 판타지가 아니다.

다시 말하거니와 성경은 비록 지금으로부터 먼 옛날, 이곳으로부터 먼 땅의 이야기지만, 현재 우리들이 여전히 만나고 경험하고 살아내는 이야기이다. 이 책으로 이것을 이야기하고 싶었다. 성경 이야기는 지금 당신이 겪는 이야기이고, 성경 인물들은 지금 당신과 같은 고민과 경험을 했고, 성경은 지금 당신에게 바른 선택과 문제의 해결을 제시한다. 그리고 당신의 구원과 당신에게 허락된 하나님 나라를 소개한다.

이 책을 통해서 독자들이 성경 이야기와 인물들에 호기심이 생기고, 예수 그리스도의 복음에 가까워지기를 소원한다. 그래서 하나님의 나라를 품고 이 땅에서의 삶을 살아내는 데 작으나마 도움이 되기를 간절히 바란다.

감사의 글

노심초사 염려하며 기도하시는 어머니와 장모님, 항상 믿고 사랑하고 응원해 주는 아내 소은, 그리고 하나님께서 맡겨주신 귀한 선물 현성, 현진에게 감사와 사랑을 전한다.

늘 실수하고 어수룩한 목사를 아끼고 변함없는 신뢰를 보내주는 새성실교회 성도님들께 감사한다. 또 서로에게 위로와 격려가 되는 동역자, 선후배 목사님들께 신뢰와 사랑을 전한다. 특별히 출판의 전 과정에 실질적 조언과 도움의 수고를 더한 사랑하는 남선우 목사에게 마음을 담아 감사한다.

그리고 하늘에서도 아들을 위해 기도하고 계실 그리운 내 아버지, 고(故) 우희영 목사님께 사랑과 존경을 드리고, 사랑으로 제자에게 추천사를 써주신 박용규 교수님께 진심을 담아 존경과 감사를 전한다.

무수골에서

우성민

차례

하늘을 품고 이 땅에서 **살아내기**

들어가는 말

과학과 기술이 이전 세대와는 비교할 수 없을 정도로 빠르게 변화하고 발전하는 세대를 살고 있다. 그 속도와 방향성을 선도하는 것은 차치하고 늦지 않게 따라가는 것조차 쉽지 않다. 새 버전으로 업그레이드 되지 않은 매뉴얼은 적용하기 곤란하고, 앞선 세대의 경험과 데이터가 그다지 유용하지도 않아 보인다.

이런 시대 흐름 속에서 인문과 고전을 이야기하는 것은 시대착오적이라고 느껴질 수도 있다. 그러나 인류의 역사를 관통하는 가치와 생각이 있고, 역설적으로 변화의 속도가 빠르면 빠를수록 쉽게 변하지 않을 기본은 더욱 중요해진다. 인생을 바라보고 그 가치를 찾아가는 데, 올바른 방향을 제시하고 목적을 상정하는 데, 물밀 듯 쌓여가는 데이터를 읽고 해석하는 데, 나아가 앞으로의 변화의 방향을 예측하고 대처하는 데 안내자가 되고 기본이 되는 중요한 진리와 기준이 오랜 세월 검증되고 인정된 고전 안에 있기 때문이다.

그것을 클래식이라고 부르기도 하고, 인문학이라고도 하고, 대학에서는 보통 '교양'이라는 과목으로 분류해서 가르친다. 취업이나 스펙에 아무런 도움이 되지 않는 낡은 지식, 혹은 졸업을 위해 마지못해 때워가야 하는 귀찮은 과정으로 받아들여지기 쉽상이다. 그러나 어떤 정보나 지식을 받아들일 때 단순히 암기하고 반복하는 습관에서 벗어나 정보를 살피고 판단하고 가공할 수 있는 능력이 필요하고 이런 능력을 키우고 훈련하는 데 이 오래되고 낡은 가치와 정보가 중요하다는 사실을 놓치지 말아야 한다.

성도에게 있어 이 모든 것의 기본은 마땅히 '성경'일 수밖에 없다. 왜 '성경'이어야 하는가? 인류의 역사 속에서 오랜동안 성경의 진리성이 검증되었을 뿐만 아니라 과거에서 오늘까지 인류에게 삶의 지혜, 나아가 신앙의 대상에 대한 소개를 담고 있기 때문이다. 좀 더 신앙적으로 살펴보면 완성된 계시로서의 하나님 말씀으로, 구원의 과정과 완성에 대한 안내자로 기독교 신앙의 기본이기 때문이다. 성도의 삶은 온전히 성경에 근거하고 인도되어야 한다. 쉽게 말해 성경이 가는 곳까지 가고, 서는 곳에 서야 한다.

그러므로 성경이 우리에게 하는 말이 무엇인지 알고, 성경의 인물들을 통해 교훈 받는 것은 인생을 이해하고 우리의 삶이 하나님의 계획 안에 있기 위한 출발점이 된다. 그리고 수많은 도덕적 도전과 윤리적 혼란 속에서 길을 잃지 않게 하는 길잡이가 된다. 더불어 허다한 선택의 순간 선명한 기준과 원칙을 제공한다.

먼저 살펴보아야 할 것은 성경이 말하는 '인간'은 어떤 존재인가 하는 것이다. 철학의 시작 또한 '인간이 무엇인가'에 대한 질문에서 출발한다. 성경의 인간 이해 또한 성경은 인간을 어떤 존재로 보고 있는지, 어떤 세계관을 통해 인생을 관찰하고 있는지, 그런 인간에게 왜 복음이 필요한지가 출발점이 되어야 한다. 그 후에 성경의 인물들을 통해 어떻게 하나님의 계획이 실제적으로 적용되고 구원의 역사를 이루어 가시는지 소개하고자 한다.

성경의 인물들이 매력적인 것은 그들이 갖는 부족함 때문이다. 왕과 선지자, 지도자, 사도들임에도 불구하고 그들은 수없이 많이 실수하고 실패했다. 혹은 당시의 기준으로 본다면 소외되고 나약하기까지 하다. 어떤 이는 앞선 문명을 등지고 오지로 향하기도 하고, 또 어떤 이는 보장된 성공의 길을 버리고 순례자의 길을 가기도 한다. 기회가 있을 때마다 하나님을 의심하기도 하고, 약속의 때를 기다리지 못하는 조급함에 무너지기도 한다. 오늘을 사는 우리와 크게 다르지 않다. 그래서 우리에게도 희망이 있고, 그들의 삶 속에서 우리의 길을 볼 수 있게 된다.

그러므로 무엇이 그들의 삶을 이끌었고, 관통하는 진리가 무엇인지 알게 된다면 오늘 우리에게도 완벽한 안내자가 될 것이다. 이들의 삶을 이끈 섭리는 무엇이었는지, 각 개인을 향한 하나님의 인도하심이 얼마나 완전했는지, 그래서 마침내 그들의 인생을 얼마나 훌륭하고 아름답게 마무리하게 했는지 살펴보며 우리의 나침반을 완성할 수 있으면 좋겠다.

그러나 단지 지식으로 아는 것에 머문다면 우리의 믿음은 생명력이라고는 없는 관념의 사치에 머무를 뿐이다. 믿음을 행동으로 실천하는 것은 때로는 큰 용기를 요구한다. 시대의 가치와 상식과는 다른 선택을 해야 하는 도전에 직면하기도 한다.

그러나 믿음을 증명할 수 있는 유일한 방법이 행함에 있다면 용기를 내야 한다. 용기를 내서 출발하면 우리의 연약함을 아시는 하나님께서 당연히 감당할 힘을 주시고 마침내 승리하게 하실 것이기 때문이다.

Chapter 1

성경이 우리에게 하는 말

하늘을 품고 이 땅에서 **살아내기**

성경의 인간 이해

세상에는 수많은 생명이 실타래처럼 얽혀서 살아가고 있다. 그중에 특별한 존재가 바로 인간이다. 스스로를 만물의 영장이라 부르며 지구를 실질적으로 지배하고 있다. 과연 인간은 어떤 존재이고, 성경은 인간을 어떤 존재로 이해하고 있을까?

철학에서의 인간 이해

동서고금을 막론하고 인간은 스스로에 대한 고민을 쉬지 않았다. 시대에 따라서 고민의 주제는 달랐지만 그 중심은 항상 인간이었다.

동양철학에서 질문의 출발은 인간은 과연 본래 선한 존재인가 아니면 본성적으로 악한가이다.

성선설(性善說)을 주장한 맹자(孟子)는 본성은 의지적으로 덕을 높일 수 있는 천부적인 덕을 품고 있다고 이해했다. 그러나 순자 (荀子) 는 맹자의 성선설을 반대하며 인간은 태어나면서부터 감성적인 욕망에 주목하기 때문에 방임하면 사회적인 혼란이 온다고 보았다. 이에 순자는 사람들은 반드시 수양을 통해 도덕적 완성을 추구해야 한다고 주장했다.

맹자와 순자는 인간의 본성에 대해 정반대로 인식했지만 올바른 사회를 만들기 위해서 결국 인간은 공부를 통해 도덕적인 발전을 이루고자 노력해야 한다고 보았다.

서양철학의 인간 이해는 일원론과 이원론으로 구분할 수 있다.

과거 서양의 인식론은 로고스 중심주의에 입각한 이원론적 세계관이 주를 이루었다고 할 수 있다. 데카르트가 몸과 마음, 정신과 물질을 분리하여 (데카르트는 정신은 의식을, 물질은 연장을 속성으로 한다고 규정한다.) 근세 철학의 이원론을 성립했다. 이원론에 의하면 인간은 정신과 육신으로 이루어져 있다고 보는 것이다.

그러나 현대로 오면서 인간을 일원론으로 이해하기 시작했다. 뇌과학의 발달과 함께 정신 영혼 등의 단어는 유물이 되어가고 단순한 뇌의 활동 즉 의식만 인정된다. 우리가 정신이나 영혼이라고 생각하는 것은 단순히 뇌의 활동인 의식일 뿐이다. 육체와 의식을 컴퓨터의 하드웨어와 소프트웨어와 같이 이해한 것이다.

그렇다면 과학의 입장에서 생물학적으로 이해하는 인간은 무엇인가?

생물학은 오랜 세월 진화를 거듭해서 현재의 생물체계가 생겼다고 이야기한다. 우주의 나이를 약 130억 년으로, 지구의 나이는 약 46억 년으로 추정한다. 현 인류를 일컫는 호모 사피엔스는 약 35만 년 전에 생겨났다고 이야기한다. 인간은 우주와 지구의 나이와 규모에 비교할 때 너무나 미약한 존재이다. 또한 드넓은 우주의 관점에서 볼 때 인간은 먼지와 같다. 그러나 현재 지구를 실질 지배하는 주인 역할을 하고 있는 것이 사실이다.

▌인간과 동물의 다름

인간은 스스로 다른 생물들과 다른 점을 찾고 싶어 한다. 스스로 다르고 우월하다고 믿는다. 이러한 주장은 유신론자들 - 특별히 인간이 하나님의 형상을 따라 창조되었다고 믿는 기독교인 - 뿐 아니라 무신론자들도 마찬가지다. 예를 들면 '이기적 유전자 (The Selfish Gene)'로 유명한 무신론자의 대표주

자 '도킨스'(Clinton Richard Dawkins, 진화생물학자, 1941~) 도 밈 (Meme / 한 사람이나 집단에게서 다른 지성으로 생각 혹은 믿음이 전달될 때 전달되는 모방 가능한 사회적 단위의 총칭) 이라는 의미를 만들어서 인간은 다른 생물과는 다르다고 말한다.

이와 같이 인간은 왜 어떻게 다른지 각자의 전공을 따라서 설명하고자 노력한다. 문화학자들은 인간의 문명을 원인으로 설명하고, 언어학자들은 인간의 발달한 언어와 문자를 이야기한다.

인간은 다른 피조물과 무엇이 다른 것일까? 인간은 잘 살고 싶어 한다. Well Being. 단순히 잘먹고 잘사는 것이 아니라 '호랑이는 죽어서 가죽을 남기고 사람은 죽어서 이름을 남긴다'는 옛말처럼 의미 있는 삶을 살고 싶어 한다. 그저 생존하는 삶이 아니라 의미 있고, 행복하고, 잘 살았던 사람으로 기억되고 싶어 한다. 이것이 본능을 따라 살아가는 동물과 인간의 가장 근본적인 차이점으로 인식된다.

잘 살고 싶어 하는 인간들의 가장 큰 특징은 종교를 갖는다는 것이다. 인간만이 종교를 가지고 있다. 단순히 본능에 충실한 생존하는 삶을 넘어 선과 악을 구분하고, 의미 있는 삶을 추구하는 인간만이 종교성을 가지고 있는 것이다. 그래서 종교는 인간의 탄생, 그리고 인류의 문명과 함께했다.

현대에는 물질주의와 경제 우선주의에 매몰되어 종교가

등한시되고 있는 것이 사실이다. 그래도 인간은 종교적이다. 전통적인 하나님(God)의 자리를 탐심 명예 권력 등이 대신할 뿐 인간의 종교적 본능은 여전히 유효하다.*

> * 하나님을 대치하거나 하나님께 속한 영광을 다른 존재에게 바치는 행위를 우상숭배라고 한다. 구약에서는 주로 금이나 은 나무 돌 등으로 새겨 만든 형상들을 가리켰으나 신약성경에서는 탐심 등 정신적 영역까지도 우상으로 규정하고 그것을 숭배하는 것을 엄격히 금한다. "여러분은 이것을 확실히 알아두십시오. 음행하는 자나 행실이 더러운 자나 탐욕을 부리는 자는 우상 숭배자여서, 그리스도와 하나님의 나라를 상속받을 몫이 없습니다."(에베소서 5:5, 새번역), "땅에 속한 지체의 일들, 곧 음행과 더러움과 정욕과 악한 욕망과 탐욕을 죽이십시오. 탐욕은 우상숭배입니다."(골로새서 3:5, 새번역)

성경이 말하는 인간

성경은 인간을 '하나님의 형상(Image of God)을 가지고 있는 특별한 존재'로 정의한다. 하나님의 형상을 가지고 있다는 것은 하나님의 속성을 가지고 있다는 것으로 영적이고 선과 진리를 추구하는 존재라는 것이다. 그러나 죄로 인해 선한 속성은 타락했고, 그 결과 스스로 진리에 이를 수 없게 되었다. 이렇게 스스로 죄에서 벗어나 진리에 이르는 것이 불가능해진 인간에게 하나님은 독생자 예수를 보내 십자가에서 죄의 문제를 해결하게 하셨다. 그러므로 인간은 이후 예수의 구원을 의지해서 살아가는 동안 본래의 선한 하나님의 형상을 회복해 성장해가야 한다.

하나님의 형상을 따라 참 의로움과 참 거룩함으로 지

으심을 받은 새 사람을 입으십시오. (에베소서 4장 24

절, 새번역).

새 사람을 입으십시오. 이 새 사람은 자기를 창조하신

분의 형상을 따라 끊임없이 새로워져서, 참 지식에 이

르게 됩니다. (골로새서 3장 10절, 새번역)

하나님의 독생자 예수가 죄의 문제를 해결하기 위해서 십

자가에서 죽었다는 것으로 인간의 존재가 얼마나 귀중한지

를 설명할 수 있다. 성경의 기록을 보면 하나님은 인간을 당신의 독생자* 예수 그리스도를 희생해서 회복시켜야 할 만큼의 가치로 인정하신 것이다.

* 예수 그리스도를 가리킨다. 독생자를 뜻하는 헬라어 '모노게네스'($\mu o \nu o \gamma \varepsilon \nu \eta \varsigma$)는 헬라 사회에서 '유일무이한 자'라는 뜻으로, 다른 어떤 것과도 감히 비교할 수도 없고, 비교의 대상이 되지 않는 아주 독특한 자를 가리킨다. 그래서 모든 영어성경이 'the One'(독자, 외아들)으로 번역하지만 NIV는 헬라어의 의미를 살려 'the One and Only'(한분이시며 유일한 분)라 하여 '유일한 분'이심을 강조한다.

하나님이 세상을 이처럼 사랑하사 독생자를 주셨으니

이는 그를 믿는 자마다 멸망하지 않고 영생을 얻게 하

려 하심이라. (요한복음 3장 16절)

왜 성경의 세계관이어야 하는가?

　성경은 살아계신 하나님의 말씀이므로 마땅히 믿을 만하고 충분히 공부할 만큼 가치가 있다. (성경이 믿을만한 것이라는 이야기는 부록에서 좀 더 자세히 다루었다.) 당연히 이에 반대하는 사람도 있을 것이다. 충분히 가능한 이야기이다. 왜냐하면 대한민국에서 성경을 믿음의 경전으로 믿는 사람은 개신교 19.73%, 천주교 7.93%를 모두 합해도 27.66%뿐인 데 반해, 무종교의 인구는 56.1%에 이른다. (문화체육관광부 발간 '2018 한국의 종교 현황' https://www.mcst.go.kr/kor/s_policy/dept/deptView.jsp?pDataCD=0406000000&pSeq=1731) 인구의 절반 이상이 종교와 성경에 대해 아예 관심이 없다는 것을 의미한다. 오히려 교회에 대해 부정적 시각을 가진 반기독교적인 성향의 인구가 늘어나는 추세다.

　그런데도 성경을 공부해야 할까? 그렇다. 성경은 여전히 오랜 세월의 지혜와 경험이 축적된 세상을 읽는 검증된 시각이기 때문이다. 성경을 배운다는 것은 성경적 세계관을 배우는 것이다. 좋은 세계관을 갖는다는 것은 좋은 인생을 선택할 수 있는 시각을 갖게 되는 것이다.

세계관은 무엇이고 어떤 역할을 할까?

기독교 세계관의 아버지라고 불리는 제임스 사이어(James W. Sire, 1933-2018)는 이렇게 말했다. "우리가 진정 지적으로 충분히 의식적이라면 우리는 다른 사람들의 세계관을 분별할 수 있어야 할 뿐만 아니라 우리 자신의 세계관도 알고 있어야 한다. 수많은 세계관 중에서 어떤 것이 우리의 세계관이고 왜 옳은 지도 말이다." (최용준, 성경적 세계관 강의, 서울: 도서출판CUP, 2020, p.27)

이 말에서 의미하는 세계관을 단순하게 정의한다면 '세상을 바라보는 올바른 시각 혹은 시야'이다.

세계관은 생각의 틀과 판단의 방향을 결정한다. 우리가 만나는 수많은 상황과 사건들을 어떻게 받아들이고 분석하고 해결할 것인가 하는 생각의 틀을 제공하는 것이 세계관이다. 또한 우리는 세계관을 통해 세운 기준을 따라 문제 해결의 방법을 찾고 선택한다.

뱃사람이 나침반을 가지고 방향을 설정할 수 있어서 망망대해 한가운데서도 길을 잃지 않는 것처럼, 좋은 세계관은 우리의 인생이 길을 잃지 않고 올바른 곳을 향해 항해하도록 돕는다. 이것이 우리가 세계관에 관심을 갖고 공부해야 하는 이유다.

　현재 우리가 살아가고 있는 사회는 다양한 이론, 규칙, 습성, 생활방식 등이 뒤섞여 있다. 그리고 그 속에서 지속적으로 변화되고 새로워지는 규범과 사회적 가치를 만나게 된다. 예를 들면 이전까지 마스크는 감기 알레르기 혹은 방한을 위해 개인이 필요에 따라 활용하는 것이었다. 아니면 연예인처럼 자신을 드러내지 않기 위해 사용하는 경우도 있었다. 서양의 경우 범죄를 위한 복면으로 인식되기도 했다. 그러나 코로나 팬데믹 이후 마스크는 나와 이웃을 보호하기 위한 예의로 자리하게 되었다. 이런 상황에서 마스크 착용의 문제는 개인의 선택을 넘어 세대 간 또는 개인 간의 갈등의 원인이 되기도 했다. 어느 것이 옳은가?

　세대와 문화에 따라 마스크를 쓰는 것은 어색하고 불편한 일이 될 수도 있고, 당연히 지켜야 하는 공공질서로 크게 불편하지 않은 일이 될 수 있다. 과연 어떻게 사회를 설득하고 의견을 모을 수 있을까? 나는 어떻게 옳고 그른 것을 실수하지 않고 판단하고 선택할 수 있을까? 선택과 판단의 기준이 될 일관된 어떤 가치의 필요성이 등장하고, 우리는 이것을

'세계관'이라고 부른다.

올바른 판단과 선택을 위해 우리는 좋은 세계관을 가져야
한다. 그런데 세계관이나 삶의 원리는 대부분 선천적으로 가
지고 태어나는 것이 아니라 후천적으로 배워서 습득하는 것
이다. (최용준, 성경적 세계관 강의, p.26)

좋은 세계관을 갖는다면 우리는 인생을 건강하고 좋은 방
향으로 설정하고 살아갈 수 있는 길을 알게 되는 것이다. 이
후 가지게 된 가치의 기준은 우리의 행실과 생활의 습성을
만들고 이것들이 모여서 궁극에 나의 인생의 문화와 교양을
만든다.

성경의 세계관은 어떻게 세상이 시작되었는지, 우리는 어
떤 존재인지 알려줄 뿐만 아니라 우리가 살고 있는 사회에서
일어나는 현상들을 분석하고 판단하고 해결의 방법을 제시
하는 훌륭한 안내자이다. 그럼에도 불구하고 성경을 통해 세
계관을 세워가는 것에 대해 많은 의문과 회의적인 시각이 있
는 것이 사실이다.

성경과 과학

성경을 공부하는 것에 반대하는 사람들이 흔히 하는 이야기가 있다. '성경은 과학적이지 않다'는 것이다. 그러므로 '과학은 신뢰할 만하지만 성경은 신뢰할 수 없다'고 한다. 그러나 조금만 생각해보면 과학을 신뢰하고 성경을 불신하는 것은 매우 개인적인 선택일 뿐이다. 합리적이지도 과학적이지도 않은 논리이다.

성경은 과학적이지도 비과학적이지도 않다. 성경은 과학을 말하지 않는다. 성경은 세상을 바라보는 진리에 대한 시각에 관심을 둔다. 복음 진리 사랑 희생 대속 등 성경이 다루는 주제들은 과학이라는 학문에서는 관심의 대상도 아니고 탐구할 수 있는 방법도 없다. 또한 성경은 태양의 주기, 운동의 법칙, 양자역학 등의 많은 과학이론에 대해서는 전혀 관심이 없다. 그러므로 성경을 과학으로 혹은 과학을 성경으로 해석하고 이해하려는 것은 어불성설이다. 과학과 성경은 서로 이야기하고 싶어 하는 분야가 다르다.

성경을 신뢰하는 많은 과학자들이 있다. 성경이 비과학적이라면 이런 과학자들은 모두 실력이 부족하거나 가짜들일까? 그렇지 않다.

인간 게놈 프로젝트의 최고책임자였고 전 미국국립보건원 원장인 프랜시스 콜린스(Francis Sellers Collins, 생물학자) 박사는 대표적인 크리스천 과학자이다. 또한 1986년 미국 하버드대학교에서 첫 포럼을 시작한 베리타스 포럼 (VERITAS FORUM, http://www.veritas.org How can we mend a broken world? How should we seek justice? What is the good life? 어떻게 우리는 망가진 세상을 고칠 수 있을까? 어떻게 우리는 정의를 찾을 것인가? 어떤 것이 좋은 인생인가?) 은 대표적인 기독교 학자들의 모임이다. 우리나라에서도 2018년도 고려대학교에서 "진리를 잃어버린 시대, 우리는 어떻게 대학에서 진리에 대해 이야기할 것인가"(http://www.veritas.org/location/korea-university) 라는 주제로 처음 이 포럼이 시작되었다.

과학이 갖는 한계성은 그 이론과 내용이 계속 바뀌고 새로운 것으로 대체된다는 데 있다. 진리란 오류가 없는 명제를 일컫는다. 과학이 진리라면 과학은 바뀌지 않아야 한다. 그러나 과학의 이론과 주장은 계속 바뀌고 있다.

아리스토텔레스의 우주론은 코페르니쿠스가 지동설을 주장할 때까지 우주 인식의 기준이었다. 우주는 고정되어있고, 그 중심에 지구가 있다. 가까이에 있는 태양 달 수성 금성 화성 등의 별들은 움직이지만 멀리 있는 별들은 우주에 고정되어있다고 인지했다. 1543년 코페르니쿠스 이전에는 누구도 이것을 의심하지 않았다. 그러나 아리스토텔레스의 우주관은 오늘날 과학적이라고 받아들이지 않는다. 이후 뉴턴과 갈릴레이 갈릴레오를 거치면서 끊임없이 과학의 이론은 바뀌고 재정립되고 있다. 뉴턴의 물리학 법칙은 20세기의 상대성이론과 양자역학으로 바뀌었다.

앞으로도 과학은 계속해서 새로운 것들을 발견하고 이전의 이론들을 폐기시키면서 변화하고 발전해갈 것이다.

과학은 도구일 뿐 진리 자체는 아니다. 서울대 물리천문학부 우종학 교수는 과학을 '하나님께서 창조하신 세상을 읽어가는 과정'이라고 정의한다. 과학을 연구하는 과학자는 자연의 원리와 법칙을 연구하고 찾아낸다. 그러므로 과학은 진리가 아니라 자연 속에서 진리를 찾아내려는 도구이다.

세상을 읽는 두 권의 책은 성경과 자연*이다. 하나님께서는 자신을 드러내시기 위해서 성경과 자연이라는 두 권의 책을 주셨다. 성경은 하나님의 감동(영감)으로 하나님을 직접 드러내고 소개한다. 자연은 창조주 하나님께서 창조를 통해서

> * 신학은 성경과 자연을 특별계시와 일반계시로 구분한다. 일반계시는 하나님께서 인간에게 자연법칙이나 역사, 인간의 정신과 문화 등을 통해서 스스로를 계시하는 것이다. 일반계시를 통해서 인간이 막연하게나마 절대자가 있다는 것을 알 수 있지만 불충분하다. 그 때문에 절대자이신 하나님께서 자신을 분명하게 알 수 있도록 계시하셨는데 이것이 특별계시이다. 특별계시는 예수 그리스도와 성경을 가리킨다.

자신을 드러내신 세상이다. 과학은 자연을 연구하는 학문이다. 과학을 통해서 밝혀진 지식은 하나님을 아는 지식이어야 한다.

성경적 세계관의 중심, 복음

성경의 세계관 중심에는 하나님이신 예수 그리스도께서 인류를 위해 대속물*이 되신 사건이 있다.

이 사건이 복음이다.

> * 원뜻은 '자유롭게 하는 것.' 곧, 부채나 속박(노예 상태) 또는 죄의 상태로부터 자유롭게 해 주기 위해 대신해서 부담하는 대가. 신약성경에서 대속은 철저히 죄인을 위해 자신의 몸을 희생하신 예수 그리스도의 거룩한 죽음에 초점이 맞춰져 있다. 사실 죄 아래 있는 인간이 하나님과 바른 관계를 갖기 위해서는 반드시 그에 상응하는 값을 지불해야 한다. 예수께서 십자가상에 자신의 몸을 온전히 희생하여 그 값을 치른 것이다. (라이프성경사전. p.199)

복음이란 과연 무엇인가?

예수는 세례 요한이 헤롯에게 잡힌 후 갈릴리에서 하나님의 복음을 전파하셨다.

"때가 찼고 하나님의 나라가 가까이 왔으니 회개하고 복음을 믿으라." (마가복음 1장 15절)

예수께서 사용하신 복음이라는 단어 '유앙겔리온'(εὐαγγέλιον)은 당시에 좋은 소식(Good New)이라는 의미로 쓰였고, 주로 황실의 소식으로 황제의 즉위식, 왕자의 탄생, 황제의 전쟁 승리 등의 소식을 전하는 데 사용되었다.

이런 의미를 근거로 예수의 복음을 다시 풀어 설명한다면 복음은 예수가 왕으로 즉위했고, 전쟁에서 승리했으니 이제 그의 나라를 준비해야 하는데 그 준비는 회개하는 것과 이 소식을 믿는 것이라고 설명할 수 있다.

고대에는 통신 수단이 발전하지 않아서 전쟁터의 승리 소식을 정확하고 빠르게 전달하는 것이 쉽지 않았다. 전달 과정에서 왜곡되기도 하고, 아예 잘못된 뉴스가 생기기도 했다. 그래서 사람들이 전달된 소식을 믿지 못하는 경우가 많았다. 특히 자신들의 상식에 맞지 않으면 내용의 진위와 관계없이 더욱 믿지 않으려고 했다.

일반적으로 사람들이 기대하는 승리한 왕의 모습은 말을 타고, 포로와 전리품을 이끌고 개선하면서 왕국을 확장하고 그 힘을 과시하는 것이다. 그런데 예수가 전하는 승리의 소식, 즉 복음은 당시 사람들의 상식으로는 이해하고 믿기가 어려웠다. 사람들의 상식에 왕은 전쟁터에서 칼로 적군의 목을 베고 굴복시키는 것으로 승리하는 것이다. 그러나 예수는 십자가에서 자신이 죽는 것으로 승리했고, 그의 왕국도 희생으로 완성이 된다고 하니, 믿기 어려울 수밖에 없었다.

　그래서 예수님은 상식이나 습관과 관계없이 듣는 그대로 믿어야 한다고 강조하셨다. 그리고 나아가 이제 복음을 믿는다면 이전의 잘못에서 벗어나 올바른 왕국의 시민이 되기 위한 회개를 요구하신다.

사영리로 살펴보는 복음의 내용

　구체적으로 어떤 내용을 믿어야 하고, 회개한다는 것은 무엇인지 한국대학생선교회 (C.C.C.) 에서 소개하는 사영리가 복음을 현대인의 말로 아주 쉽게 단순화하여 설명하고 있다. 사영리는 성경과 교회가 이야기하는 복음의 내용을 이렇게 요약했다.

　1원리. 하나님은 당신을 사랑하시며, 당신을 위한
　　　　　놀라운 계획을 가지고 계신다.
　2원리. 사람은 죄에 빠져 하나님으로부터 떠나있다.
　　　　　그러므로 하나님의 사랑과 계획을 알 수 없고
　　　　　또 그것을 체험할 수 없다.
　3원리. 하나님의 아들이신 예수 그리스도만이 사람의

죄를 해결할 수 있는 유일한 길이다. 당신은
그를 통하여 당신에 대한 하나님의 사랑과
계획을 알게 되며, 또 그것을 체험하게 된다.

4원리. 우리 각 사람은 예수 그리스도를 '나의 구주,
나의 하나님'으로 영접해야 한다. 그러면
우리는 우리 각 사람에 대한 하나님의 사랑과
계획을 알게 되며, 또 그것을 체험하게 된다.

예수를 믿는 사람은 삶의 중심에 예수 그리스도가 자리하고, 모든 선택과 결정의 기준이 예수의 복음이 되는 것이다.

▌나는 믿음이 있는가?

복음을 알고 믿는다고 고백해도 우리는 믿음에 대한 의문과 의심에 사로잡히는 때가 허다하다. '나는 믿음이 있는가?' '내 믿음이 내 삶에 영향력이 있기는 한가?' 무수히 많은 순간 이 질문 앞에 좌절한다.

내가 예수를 정말로 믿고 있는지 아는 기준이 있다. 무엇인가 중요한 선택이나 결정할 때 예수의 가르침에 고민한다면, 하나님이 원하시는 결정을 궁금해한다면 그는 예수를 믿

고 있는 사람이다. 그런 생각을 한다는 것 자체가 이미 마음 속에 그리스도의 복음이 있다는 증거다. 하나님의 뜻이 궁금하고 고민된다는 것은 마음 속에서 성령께서 말씀하고 계시기 때문이다. 이제부터는 믿음이 있는지 의심하기 보다는 어떻게 믿음을 잘 성장시킬 것인가를 고민하고 그 방법을 모색하는 것이 옳다.

구원은 믿음의 확신으로 받는 것이 아니라 믿음 자체로 받는 것이다. 그 믿음에 대해서 선명하게 확신할 때도 있지만 의심하고 영향력이 없어 보이기도 한다. 그렇다고 믿음 자체가 없는 것과는 근본적으로 다르기 때문이다.

성경의 가장 중요한 가르침은 "예수를 믿어 구원받는다" 라는 것이다. 이를 신학적으로 '이신득의'(Justification by faith, 以信得義)라고 한다. 그리고 믿음으로 구원받은 사람은 이제 전인격과 온 삶이 예수 그리스도를 닮아 거룩함에 가까워지도록 노력해야 한다. 이것이 성도가 거룩해지는 것, 곧 성화(聖化, sanctification)이다.

복음을 믿는다면 예수의 가르침에 맞는 선택과 결정에 자주 성공하고, 이 과정을 통해 믿음의 성장을 이루고 거룩한 성도가 되어간다. 그러기 위해서는 무엇보다 예수님의 가르침을 잘 알아야 한다. 그 가르침의 내용을 잘 모른채 믿고 따른다는 것은 그 자체가 말이 되지 않는다. 그래서 부단히 성경을 읽고 익혀야 한다. 성경이 가르치는 진리에 대해 바로 알아야 한다. 그리고 익힌대로 생각하고 실천하며 살아간다면 믿음은 성장하게 된다.

성경의 진리를 이해하는 데 유용한 방법 중 하나가 인물들을 통해 일하시는 하나님을 알아가는 것이다. 각 인물들의 삶 속에 어떻게 역사하시고 인도하시는지, 또 성경의 인물들은 어떻게 반응하고 어떻게 성공하는지, 혹은 어떻게 실패하는지를 배워가는 것이 훌륭한 길잡이가 될 것이다.

Chapter 2

성경 속의 인물 - 구약

앞서도 언급했던 것처럼 성경 속 인물들의 이야기를 읽다 보면 그들의 삶과 우리의 삶이 서로 다르지 않다는 것을 알게 된다. 그들도 우리처럼 행복하고 싶어 하고, 잘살고 싶어 하고, 의미 있게 살고 싶어 하고, 바르게 살고 싶어 한다. 그러나 성경 속 인물들도 불행을 경험하고, 잘못된 선택을 하고, 수많은 실수를 한다. 지금 우리처럼. 그러나 하나님을 알고 바른 세계관을 소유한 인물들은 실수를 바로잡고, 바르고 의로운 삶을 산다.

이제부터 우리는 성경 속 인물들의 삶을 살펴보며 그들의 고민이 우리의 고민과 다르지 않다면 그들의 선택과 해결에서 우리도 고민의 해결법을 찾을 수 있을 것이다.

구약의 인물들로 믿음의 조상이라 불리는 아브라함, 스스로 인생을 실패로 판단하며 고단한 세월을 살았다고 고백한 야곱과 이와는 반대로 고난과 괴로움이 있었지만 성공한 삶이었다고 고백한 요셉, 정체성의 혼란을 이겨내고 민족의 지도자로 훈련된 모세, 너무나 다른 처지 속에서도 같은 꿈을 꾼 여호수아와 갈렙, 조금씩 부족해 보이는 의외의 영웅들, 선입견을 깨고 위대한 왕이 된 다윗, 그리고 포로로 끌려간 땅에서 끝까지 믿음과 비전을 포기하지 않아 성공한 다니엘과 세 친구의 이야기를 들어보자.

믿음과 용기의 사람, 아브라함

　기독교, 이슬람교, 유대교, 힌두교, 불교를 일반적으로 세계 5대 종교라고 한다. 이 중에서 기독교, 이슬람교, 유대교를 일컬어 아브라함 종교라고 부른다. 세 종교 모두 자신들의 근거로 삼는 인물이 아브라함이라고 주장하기 때문이다. 아브라함 종교의 특징은 일신교 믿음을 가지고 있다는 것이다. 유일신교라고도 한다. 이들은 믿음의 계보가 유일한 신이신 하나님과 아브라함의 언약에서 시작한다는 공통적인 관점을 갖고 있다.

　여기에서 출발해 기독교와 유대교는 아브라함의 정통성을 둘째 아들 이삭이 갖고 있다 믿고 이삭의 전통을 따른다. 반면, 이슬람교는 아브라함의 정통성을 첫째 아들 이스마엘에게서 찾고 자신들이 믿음의 정통성을 이어간다고 말한다.

　각기 다른 주장에도 불구하고 세계 5대 종교 중에서 세 개의 종교가 공통적으로 아브라함의 정통성을 주장한다는 것은 매우 흥미롭고 독특하다.

아브라함의 출발, 우르를 떠나 가나안으로

아브라함이라는 이름의 뜻은 '열국의 아버지'이다. 원래 그의 이름은 '아버지는 높임을 받는다'라는 뜻의 아브람이었으나 후에 하나님과 언약을 맺고 아브라함으로 바뀌었다.

아브라함은 메소포타미아의 우르 출신이고 아버지는 데라다. 아브라함이 태어난 고향, 우르는 도시국가를 이루고 발달한 문명을 누리던 도시다. 인류 최초의 문명이라 불리는 메소포타미아 문명은 BC 3500년경 티그리스 강과 유프라테스 강 사이의 비옥한 평야 지역에서 수메르 인에 의해 시작되었다. 이 지역에서 우르 (Ur), 라가쉬 (La-gash), 우르크 (Uruk) 등 10여 개의 도시국가가 시작되었는데 이것이 인류 최초의 도시 문명으로 알려져 있다.

도시의 탄생으로 낟알을 거두는 일 외에 생계를 이을 수 있는 여러 가지 직업이 생겨났다. 이후 빈부와 신분의 격차가 생기게 되었고 권력자들은 통치를 위해 법을 만들었다. 세계 최초라고 불리는 우르남무 법전과 우르남무 이전에 최초라 알려졌던 함무라비 법전이 모두 이 문명의 작품이다.

당시 수메르인들은 다신교 신앙을 가지고 있었고 도시국가들은 각각의 수호신을 섬겼으며, 도시의 중앙에 지구라트라는 계단식 탑 모양의 신전을 진흙 벽돌로 건설했다. 아브라함의 고향 우르의 수호신은 달의 신 난나 (Nanna) 였다. 우르의 사람들은 난나가 우르남무를 대리자로 세워 수메르 도시 국가들을 지배한다고 믿었다. 당시 우르의 신전 (지구라트) 여사제들은 신전에 제물을 바치는 남성들과 성관계를 맺기도 했다. (최연수, 세계사로 이해하는 성경 역사, 서울; CLC, 2022, p.29)

이러한 최초 도시들의 다신교 신앙과 난잡한 신전의 문화는 성경의 하나님이 보시기에는 악한 문명이었음이 분명하다. 하나님께서는 데라에게 그곳을 떠나 약속한 땅 가나안으로 가라고 명령하셨다. 데라에게는 세 아들, 아브라함 나홀 하란이 있었다. 하란은 롯을 낳고 아버지 데라보다 일찍 우르에서 죽었다. 데라는 아브라함과 손자 롯을 데리고 우르를 떠나 가나안으로 가던 길에 가나안에 이르지 못하고 여정의 중간쯤인 하란에 머물다 그곳에서 죽었다. (창세기 11장 27-32절)

데라의 죽음 후 이제 가장이 된 아브라함에게 여호와께서 명령과 언약을 함께 주셨다. "너는 너의 고향과 친척, 아버지의 집을 떠나 내가 네게 보여 줄 땅으로 가라"고 명령하셨고, 아브라함을 통해 큰 민족을 이루고 복을 주어 아브라함의 이름을 창대하게 할 것이라고 언약하셨다. 여호와의 말씀을 따라서 아브라함은 아버지가 죽은 땅 하란을 떠나 가나안으로 향했다. 당시 아브라함의 나이는 75세였고, 조카 롯도 함께 갔다. (창세기 12장 1-5절)

아브라함이 직면한 도전과 그의 선택

아브라함은 하란에서 매우 중요한 선택을 해야만 했다. 아버지 데라와 함께 우르를 떠나 중간 기착지 하란에 도달했지만, 그곳에서 아버지가 죽었다. 아브라함은 우르로 돌아갈지 아니면 처음 출발할 때의 목적지 가나안을 향해야 할지 정해만 했다.

우르는 아브라함의 고향이다. 도시국가를 이루고 있는 안전한 곳이다. 심지어 문명의 발달로 생활을 위한 편의시설이 풍부할 것이고, 미래를 위한 기회도 많을 것이다.

그러나 여호와께서는 아브라함에게 가나안으로 가라고 하신다. 본래 고향이며 친척들이 있는 우르가 아니라 약속의 땅 가나안으로 가기를 바라신다. 그러나 그곳은 불편하고 안전하지 않다. 빈 들과 같은 곳이어서 도적들로부터 가족과 가축을 지키기에는 너무 위험할 것이다.

그러나 아브라함은 아내와 조카 롯을 데리고 가나안으로 갔다. 아브라함은 도시의 안전과 편안함보다 여호와의 명령과 언약을 선택했다. 여호와를 믿었기에 가능했다.

아브라함에게는 우르와 가나안 이외에도 또 하나의 선택지가 있다. 바로 하란에 그대로 머무는 것이다. 하란은 유프라테스 강과 지중해 동쪽 해안의 중간지로 대표적인 상업도시였다. 부를 축적하기에는 좋은 환경이었다. 그러나 아브라함은 결국 가나안을 선택했다.

가나안에 도착한 후에도 선택은 계속되었다. 함께 가나안에 도착한 조카 롯도 가축이 많아지면서 유한한 목초지를 두고 두 가계가 함께 하기 어려워졌다. 아브라함의 가축을 돌보는 목동들과 롯의 가축을 돌보는 목동들 사이에 갈등이 생기는 상황이 벌어졌다. 선택의 순간 조카 롯은 물이 풍족해서 에덴동산과 같이 아름다웠고, 이집트처럼 풍요로운 소돔을 선택해서 그곳으로 이주했다. 그러나 소돔은 죄로 가득한 악한 도시였으므로 옳은 선택이 아니었다.

아브라함은 여전히 여호와의 명령과 약속의 땅 가나안을 지켰다. 여호와께서는 롯이 소돔으로 떠난 후 아브라함에게 다시 언약을 확인해주셨다. 여호와의 약속은 동서남북에 보이는 모든 땅을 아브라함과 자손들에게 줄 것이고, 자손은 땅에 티끌처럼 셀 수 없을 만큼 주겠다는 것이다. (창세기 13장)

자손을 땅의 티끌만큼 주겠다고 약속했으나 하란에서 75세에 가나안으로 이주했던 아브라함은 100세가 되어서야 겨우 아들을 낳을 수 있었다. 아들의 이름은 이삭이었다. 얼마나 귀한 아들이었을까?

어느 날 여호와께서 아브라함을 시험 (test) 하셨다. 아브라함의 사랑하는 외아들 이삭을 모리아 산에서 번제로 드리라는 것이다. 번제는 제사의 한 방법으로 제물의 배를 갈라 내장은 모두 긁어내고 불에 태워서 드리는 제사다. 상상해보라. 여호와의 요구가 얼마나 잔인한가?

그러나 아브라함은 아침에 일찍 일어나서 이삭과 종들을 데리고 번제에 쓸 나무를 준비해 여호와께서 지시한 산으로 출발했다. 산까지는 3일 동안 걸어가야 하는 길이었다. 산 아래에 도착한 아브라함은 종들에게 이삭과 함께 가서 예배하고 우리가 돌아올 테니 너희는 나귀와 함께 이곳에서 기다리라고 명령했다. 이후 이삭을 데리고 산에 오른 아브라함은 나무로 번제 제단을 쌓고 이삭을 결박했다. 그리고 칼을 잡고 아들을 잡으려고 하는 순간 여호와의 사자가 아브라함을 급하게 불러 아이를 죽이지 못하게 했다. 아브라함이 주위를 둘러보니 숫양이 수풀에 걸려있었고, 아브라함과 이삭은 숫양으로 번제를 드린 후 산에서 내려왔다. (창세기 22장)

아브라함의 생을 돌아보면 실수와 혼란이 없었던 것은 아니지만 끝내 여호와의 언약을 믿었다. 그리고 그 믿음에 순종하는 삶을 살았다. 여호와께서는 그 믿음으로 인해 의롭다 여기시고 그 순종 때문에 믿음의 조상이라고 일컬어 주셨다.

믿음의 조상, 아브라함

히브리서에는 아브라함의 믿음을 이렇게 요약한다.

> "믿음으로 아브라함은 하나님께서 그에게 약속하신 땅
> 으로 가라는 하나님의 부르심에 순종하였습니다. 그는
> 가야 할 곳도 모른 채 자기 고향을 떠났습니다." (히브
> 리서 11장 8절, 쉬운성경)

여호와의 명령과 약속을 믿고 불확실하지만 바른 선택을
하고 끝까지 견뎌냄으로 아브라함은 믿음의 조상이 될 수 있
었다.

믿음으로 편안한 악을 버리고 불편한 의를 선택하다.

메소포타미아의 우르를 떠나 하란을 거쳐 가나안으로 이
주한 아브라함의 선택은 단순한 이사의 문제가 아니었다. 아
브라함이 우르를 떠난 것은 가장 살기 좋은 환경의 도시 우
르를 포기한 것이다. 그리고 너무나 불확실한 들판 가나안을
선택한 것이다.

그의 선택은 어찌 보면 지혜롭지 못한, 손해 보는 선택이
다. 그러나 분명한 것은 옳은 선택이라는 사실이다.

아브라함은 살기 좋고 편안하고 안전하지만 악한 도시를
떠난 것이다. 그리고 여호와께서 지시한 선택된 곳, 즉 살기

에 불편하고 고생스럽고 안전하지 않지만 여호와의 뜻을 따라 선하게 살 수 있는 가나안으로 이주한 것이다. 다시 말하면 편안한 악을 버리고, 불편한 선을 선택한 것이다.

편안한 악, 우르를 떠나 불편한 선, 가나안으로 이주했다. 그러나 도착하자마자 아브라함이 만난 것은 감당할 수 없는 가뭄이었다. 가나안에 도착한 아브라함이 가장 먼저 한 일은 가뭄을 피해 이집트로 가는 것이었다. 이집트로 피난하는 아브라함은 어떤 마음이었을까? 가나안을 선택한 것에 대한 후회는 없었을까?

조카 롯과 헤어질 때, 롯은 물도 풍부하고 살기 좋은 도시 소돔을 선택했지만 아브라함은 여전히 살아가기 불편했을 가나안을 지켰다. 왜냐하면 도시 소돔은 죄가 가득한 곳이었기 때문이다.

약속의 땅 가나안을 지키며 산다는 것은 거듭되는 선택의 기로에서 계속 불편한 선을 선택해야만 가능한 것이다.

> "아브라함은 가나안 땅에서 살았습니다. 그러나 롯은 요단 평원의 성들 가운데 살다가 소돔에서 가까운 곳으로 옮겨 갔습니다. 그 때에 소돔 사람들은 매우 악했습니다. 그들은 항상 여호와께 죄를 짓고 살았습니다."
>
> (창세기 13장 12,13절, 쉬운성경)

선택에는 믿음이 요구된다. 하지만 선택의 결과로 계속 어려움을 겪으면서도 같은 선택을 유지하는 것은 더 큰 믿음이 필요하다. 아브라함은 선택을 유지하는 용기 있는 믿음을 소유했던 것이다. 아브라함의 위대한 선택과 인내가 그가 믿음의 조상인 이유다.

맹목적인 복종이 아니라 제대로 알고 믿다.

감성적인 충만함, 혹은 한순간의 체험으로 믿음의 선택을 거듭하는 것은 불가능하다. 어떻게 한 번은 성공적인 선택을 할 수도 있다. 믿음의 근거가 막연한 감상이거나 인위적인 노력이라면 지속적으로 영향력을 발휘할 수는 없다는 말이다. 거듭되는 선택의 순간 일관되게 언약에 근거한 결정을 하고, 그 명령에 순종하려면 그 약속과 약속의 주체이신 하나님께 대해 제대로 확실하게 알아야 한다.

아브라함을 시험하셔서 아들 이삭을 바치라고 하셨던 여호와께서 이를 시행하려고 아들을 향해 칼을 높이 든 그를 급하게 말리며 이렇게 말씀하셨다.

> "네 아들에게 손대지 마라. 아무 일도 그에게 하지 마라. 네가 하나밖에 없는 아들을 아낌없이 바치려 하는 것을 내가 보았으니, 네가 하나님을 두려워하는 줄을 이제 내가 알았노라." (창세기 22장 12절)

이 장면에서 많은 사람들은 잔인한 여호와 그리고 비이성적이고 맹목적인 종교인으로 보이는 아브라함에게 분노한다. 어떻게 여호와는 아브라함에게 아들을 번제로 바치라는 잔인한 명령을 할 수 있을까, 여호와의 명령이라며 아들을 죽여 번제를 바치려는 아브라함은 과연 정상적인 사고를 하는 사람인가 라는 의문을 갖게 된다.

이 의문에 대한 답은 번제를 위해 산에 오르기 전 아브라함이 종들에게 했던 말에서 찾을 수 있다.

> "너희는 나귀와 함께 여기서 기다리라 내가 아이와 함께 저기 가서 예배하고 우리가 너희에게로 돌아오리라"(창세기 22장 5절)

아브라함은 내가 아이와 함께 올라가서 예배하고 '내'가 너희에게 돌아오겠다 하지 않고 '우리'가 너희에게 돌아오겠다고 했다. 둘이 올라가서 예배하고 둘이 모두 살아서 내려오겠다는 의미다.

아브라함은 여호와께서 아들 이삭을 죽이지 않을 것이라는 확신을 갖고 있었다. 왜냐하면 아브라함이 믿는 하나님 여호와는 선하고 약속을 반드시 지키는 분이기 때문이다. 여호와의 약속은 이삭을 통해 민족을 이루겠다는 것이다. 만약 이삭을 죽여야 한다면 여호와는 거짓말쟁이가 되어 약속을 지키지 않는, 믿을 수 없는 존재가 되는 것이다. 그리고 성경은 분명하게 사람을 제물로 바치는 인신 제사를 엄히 금하고 있다. 그런데 여호와께서 직접 이런 제사를 명령한다는 것은 역시 모순된 일이다.

> "여러분의 하나님 여호와께서 여러분에게 주시는 땅으로 들어가거든 그 땅의 다른 민족들이 하는 못된 일들을 본받지 마시오. 여러분 가운데 딸이나 아들을 불에 태워 바치는 사람이 없게 하고, 무당이나 점쟁이나 마술사도 없게 하시오." (신명기 18장 9,10절, 쉬운성경)

아브라함의 믿음은 그저 소문 혹은 부모의 영향으로 맹목적으로 갖고 있는 것이 아니라 믿음의 대상인 여호와 하나님께 대한 분명한 지식과 이해에 근거했다. 그래서 상식적으로 이해할 수 없는 명령에도 담대히 순종할 수 있었던 것이다.

아브라함이 도착할 곳의 사정을 모르면서도 용감하게 발전한 도시 우르를 떠나고, 의심하거나 주저하지 않고 아들 이삭을 데리고 산에 오를 수 있었던 것은 여호와에 대한 정확한 지식이 있었기 때문에 가능했다. 선하신 여호와께서는 분명히 좋은 것을 명령하셨을 것이고, 아들 이삭을 절대로 빼앗아가지 않으시는 것을 알고 있었다. 아브라함은 맹신하지 않았고 정확하게 알고 믿었다.

아브라함 적용하기

믿음의 조상이라 불리는 아브라함을 통해 우리가 교훈 받고, 그것이 나의 삶으로 적용되기 위해서는 다음의 두 가지를 분명히 해야 한다.

첫째, 믿음이 중요하다.

아브라함이 우르를 떠나고, 시련 속에서도 가나안을 지키며, 아들 이삭을 바치려는 용감한 선택과 행동을 할 수 있었던 것은 여호와 하나님에 대한 믿음이 있었기에 가능했다. 맹목적인 믿음이 아니라 분명한 체험과 약속을 통해 확신한 믿음이다.

아브라함과 같이 파란만장한 정도는 아닐지라도 우리는 삶에서 다양한 문제와 시련을 만나게 된다. 한 계단씩 오르려 할 때마다 결코 쉽지 않은 도전에 직면하고, 하나님과 자신을 의심하고 때로는 낙심이 된다. 이런 과정을 이기는 데는 하나님께서 주신 나의 비전에 대한 믿음이 필요하다.

아브라함에게 가나안의 비전을 주신 것처럼 우리에게도 좋은 것을 준비하셨다. 그리고 그것이 나보다 나를 더 잘 아시는 여호와께서 나에게 주신 비전이다. 나의 선택이 악한 것이 아니라면 나의 비전을 신뢰하자.

마지막으로 자신을 믿어야 한다. 여호와를 믿고, 여호와께서 주신 비전도 믿는다면 실제로 모든 것을 이뤄내야 할 주체인 자신을 믿지 못할 이유가 없다. 하나님께서 나에게 주신 비전이란 하나님께서 나를 통해 이루실 일이라는 것이다. 그러니 만약 스스로를 믿지 못한다면 여호와에 대한 믿음, 비전에 대한 믿음은 모두 헛된 꿈이거나 거짓 꿈인지도 모르겠다.

둘째, 올바른 믿음과 비전을 위해서는 반드시 지식을 갖추어야 한다.

아브라함의 용감한 선택과 행동은 여호와에 대한 정확한 지식에 근거한다. 선하신 여호와, 전능하신 여호와에 대한 바른 지식이 있었기 때문에 믿음이 변하지 않았고 언약을 끝까지 기다릴 수 있었다.

우리도 아브라함처럼 각자의 미래, 우리의 가나안을 향해 출발했다. 우리의 가나안을 향하며 길을 잃지 않고, 도착한 후에 흔들리지 않고 계속 머물기 위해서는 스스로 공부해야 한다. 그래서 바른 지식을 갖추어야 하고, 그 지식에 근거한 믿음에 따라 선택하고 행동해야 한다.

속고 속이며 치열하게 살았지만 결국 실패한 인생, 야곱

이스라엘은 히브리 민족이 이룬 국가로 12개의 지파로 이루어져 있다. 이스라엘이라는 나라 이름과 12개의 지파는 야곱이라는 인물에서 시작되었다. 이스라엘은 하나님께서 야곱에게 주신 새 이름이고, 12개의 지파는 그의 열두 아들에서 기원되었다.

야곱은 이스라엘의 국호와 지파의 아버지이지만 그의 인생은 좌충우돌 고난의 연속이었다. 목적을 이루기 위해 자신의 방법으로 최선을 다했지만, 인생의 마지막에는 자신의 인생이 행복하지도, 그렇다고 성공적이지도 않았음을 스스로 고백한다.

야곱의 시작

태에서부터 싸운 야곱

그는 믿음의 조상 아브라함의 손자이고, 아버지 이삭과 어머니 리브가의 쌍둥이 형제 중 둘째로 태어났다. 쌍둥이 형은 붉은 피부를 가지고 태어나 '붉다'라는 뜻의 에서로 불렀고, 동생 야곱은 태어날 때 형의 발뒤꿈치를 잡고 태어나서 야곱이라고 불렀다. 야곱의 이름은 뒤꿈치를 뜻하는 히브리어 아케브(ﬠﬡﬦ)에서 유래한 것으로 '뒤를 쫓는 자', '발뒤꿈치를 잡은 자'라는 의미다. *

> * 그 해산 기한이 찬즉 태에 쌍둥이가 있었는데 먼저 나온 자는 붉고 전신이 털옷 같아서 이름을 에서라 하였고 후에 나온 아우는 손으로 에서의 발꿈치를 잡았으므로 그 이름을 야곱이라 하였으며 리브가가 그들을 낳을 때에 이삭이 육십 세였더라 (창세기 25:24-26)

성경은 쌍둥이 에서와 야곱이 어머니 리브가가 괴로울만큼 태 속에서부터 서로 싸웠다고 전한다. 태 속에서부터 싸우는 형제가 고민스러워서 어머니 리브가가 여호와께 물었더니 "두 나라가 네 몸 안에 있다. 두 백성이 네 몸에서 나누어질 것이다. 한 백성이 다른 백성보다 강하고, 형이 동생을 섬길 것이다"(창세기 25장 23절, 쉬운성경) 라고 답하셨다.

부모의 편애 속에서 자라는 형제

쌍둥이 형제의 아버지 이삭은 에서를 사랑했고, 어머니 리브가는 야곱을 사랑했다. 이유가 무엇이든지 쌍둥이 형제를 두었는데 아버지와 어머니가 각각 다른 아들을 더 사랑해서 편애한다는 것은 형제 모두에게 정서적으로 좋은 영향이었

을 리 없고, 단적으로 가족 관계가 건강하지 않았다는 것을
보여준다.

이삭은 사냥꾼이 된 아들 에서를 사랑했고 아들이 사냥한
짐승의 요리를 좋아했다. 그러나 리브가는 항상 집 안에 머
물며 옆에 있는 야곱을 에서보다 더 사랑했다. 심지어 이삭
이 에서에게 하려던 축복을 가로채 야곱이 받게 하기도 했
다. 이 정도면 그저 어느 자식을 좀 더 아끼는 것을 훨씬 벗
어나 정상적이지 않은 모습이다.

장자권을 두고 벌어진 소동

죽 한 그릇으로 장자권*을 얻어내다.

태에서부터 싸우고 에서의 발뒤꿈치를 잡고 태어난 야곱
은 장자권을 어떻게든 자신이 가지고 싶었다. 장자의 권한은
태어난 순서에 의한 것이니 노력한다고 가질 수 있는 것이

---

* 장자권 또는 장자의 명분(rights as firstborn)이란, 장자의 상속권을 말한다(창세기 25:31, 역대상
5:1). 장자는 아버지의 축복을 받은 자로서(창세기 27:2-4), 다른 형제들보다 대우가 달랐으며(창세기
43:33), 특별한 사랑의 대상이었고(예레미야 31:9, 20), 또 다른 아들들보다 두 배의 몫을 상속받았으
며(신명기 21:15-17), 가족의 대표자로서 특별한 지위를 가졌다(창세기 48:18-19, 역대상 7:1-4, 역대
하 21:1-3). 특히 언약 계승자의 위치에 서게 된다(창세기 27:27-29). 한편, 장자의 권한은 쉽게 변경
되는 것이 아니었다. 첫아들이 사망했거나, 그가 심각한 죄를 범했거나, 하나님의 초월적인 간섭에 따
라서 그 서열을 새로 정할 때에만 변경될 수 있었다(역대상 26:10). (가스펠서브 편, 라이프성경사전,
서울; 생명의 말씀사, 2015, p.899)

아닌데도 그 축복에 대한 욕심을 갖고 있었다는 말이다.

그러던 어느 날 야곱에게 기회가 왔다. 에서는 여느 때처럼 사냥을 하고 집으로 돌아오는 길이었다. 유난히 배가 고팠던 에서에게 붉은 죽을 끓이고 있는 야곱이 눈에 들어왔다. 에서는 야곱에게 죽 한 그릇을 요청했다. 형의 요청에 야곱은 잠시 생각에 잠기는 듯하다가 이내 죽의 대가를 요구했다. "형님 죽을 드릴 테니 장자권을 제게 주십시오."

장자권이라는 것이 당사자들이 주고 싶다고 주고, 받고 싶다고 받을 수 있는 것이 아니지 않은가? 그런데 야곱은 죽 한 그릇의 대가로 장자권을 달라 하고, 에서는 아무런 고민이나 생각 없이 주겠다고 약속한다. 그리고 에서는 야곱에게 죽 한 그릇을 얻어먹었다.

성경은 에서가 장자의 명분을 가볍게 여겼다고 전한다. (창세기 25장 34절 / 하나님의 언약과 아버지의 재산에 대한 권리를 가볍게 여긴 것은 옳은 일이 아니다.) 반면 야곱은 장자의 명분이 너무나 절실했다. 의미 없는 행동을 동원해서라도 장자의 명분을 가지려 했다.

정말로 장자권(장자의 축복)을 빼앗다.

세월이 흘러 이삭이 나이 많아 눈도 어둡고 잘 듣지도 못하게 되었다. 이삭은 에서를 불러서 자신이 죽을 날이 가까웠음을 알리며 사냥을 해서 자신이 좋아하는 별미를 만들어

오면 먹은 후 축복하겠노라 말했다.* 아버지의 요구에 에서는 곧바로 사냥을 나갔다.

이삭과 에서의 대화를 들은 리브가는 야곱을 불러 이 소식을 전했다. 그리고 야곱을 에서처럼 분장하게 하고 이삭이 좋아하는 별미를 만들어 눈과 귀가 어두운 이삭을 속여 에서가 받을 축복을 가로채게 했다. 아버지에게 들키게 될 것이 두려웠지만 장자의 축복이 절실했던 야곱은 아버지의 축복을 받기 위해 리브가의 계책을 따랐다.

자신이 에서라며 음식을 가지고 들어온 아들을 이삭은 잠시 야곱이 아닌가 의심하지만 이내 아들에게 축복했다.

> "하나님께서 너에게 충분한 비와 좋은 땅을 주시고 넉넉한 곡식과 포도주를 주실 것이다. 나라들이 너를 섬기고, 백성들은 너에게 절할 것이다. 너는 네 형제들을 다스리고, 네 어머니의 아들들이 너에게 엎드려 절할 것이다. 너를 저주하는 사람은 저주를 받고, 너에게 복을 주는 사람은 복을 받을 것이다." (창세기 27장 28,29절, 쉬운성경)

야곱이 이삭의 축복을 받고 나오자 곧 에서가 사냥을 마치고 돌아왔다. 음식을 준비해 이삭에게 들어가지만 이내 동생이 자신의 축복을 가로챘다는 것을 알게 된다. 분노하고 낙심한 에서는 이삭에게 자신도 축복하라고 요구하지만 이삭의 기도는 저주 같아 보일 만큼 참담하다.

> "네가 살 곳은 기름진 땅과는 거리가 멀고, 하늘에서
> 내리는 이슬도 없는 곳이다. 너는 칼을 의지해 살아갈
> 것이고, 네 동생의 종이 될 것이다. 하지만 애쓰고 애
> 쓰면 동생에게서 자유로워질 수 있을 것이다." (창세기
> 27장 39,40절, 쉬운성경)

이삭의 축복은 오히려 에서를 더욱 분노하게 했고, 그는 야곱을 죽이기로 마음 먹었다.

분노한 에서의 다짐을 알게 된 리브가는 급히 야곱을 하란에 사는 외삼촌 라반에게로 피신시킨다. 야곱이 하란을 향해 가는 길에 노숙을 하게 되어 돌을 하나 주워 베고 잠을 자는데, 신기한 꿈을 꾼다. 꿈 속에서 사다리 하나가 하늘에 닿아 있었고 하나님의 천사들이 사다리를 오르내리고 있는 것이 아닌가! 사다리 위에는 여호와께서 계셨고, 할아버지 아브라함에게 주셨던 것과 같은 내용의 약속을 야곱에게도 주셨다.

> "지금 이 땅을 너에게 줄 것이고, 자손이 땅의 티끌처
> 럼 많아질 것이고, 세상이 너를 통해 복을 받을 것이다.
> 항상 너와 함께 하며 지켜줄 것이고, 약속이 모두 이

루어지기 전까지 너를 떠나지 않겠다." (창세기 28장

13-15절, 쉬운성경)

꿈에서 깬 야곱은 두려워하며 하나님께 맹세했다.

"여호와께서 약속하신 것을 모두 지켜서 이 피난길에

안전하고, 잘 먹고, 잘 살다가 돌아오게 해주신다면 여

호와를 나의 하나님으로 섬기겠습니다. 그리고 주신

것들의 십분의 일을 하나님께 바치겠습니다." (창세기

28장 20-22절, 쉬운성경)

그리고 그곳의 이름을 '벧엘'이라고 불렀다. 벧엘은 '하나
님의 집'이라는 뜻이다. 그러나 야곱의 맹세는 조건부 맹세
였다. 하나님의 약속이 먼저 이루어지면 나도 맹세를 지키겠
다는 의미였다. 하나님을 대면하는 두려운 상황에서도 자신
에게 유리한 조건을 다는 욕망 가득한 면모다.

외삼촌 라반의 집에서

사기 결혼 당하다

야곱은 벧엘을 거쳐 무사히 하란에 있는 외삼촌 라반의 집
에 도착했다. 야곱은 라반 가족의 일을 도우며 생활하고 있
었다. 그러자 라반이 "네가 나의 친척이기는 하지만 품삯을

주지 않고 일을 시킬 수 없으니 원하는 것을 말하라"했다. 이 기회를 허투루 보낼 리 없는 야곱이다.

라반에게는 눈이 예쁜 첫째 딸 레아와 사랑스러운 둘째 딸 라헬이 있었는데 마침 야곱은 라반의 두 딸 중에 동생 라헬을 사랑하고 있었으므로 라헬과 결혼하게 해달라고 요구한다. 라반은 야곱이 7년 동안 일하는 대가로 라헬을 주겠다고 약속했다. 야곱은 라헬을 너무나 사랑해서 7년을 마치 며칠 같이 여기며 일했다. 7년 후 드디어 야곱은 결혼했다.

그러나 곧 그 결혼은 사기였음을 알게 된다. 외삼촌 라반은 야곱을 속여 야곱이 사랑하는 둘째 라헬이 아니라 첫째 레아와 결혼하게 일을 꾸민 것이다. 이유를 따져 묻는 야곱에게 라반은 "우리 지역에서는 언니보다 아우가 먼저 결혼할 수 없다"며 라헬과 결혼하려면 다시 7년을 더 일할 것을 요구했다. 야곱은 라헬과의 결혼을 위해 다시 7년을 일해야 했다. 결국 14년 동안 라반을 위해 일한 후 비로소 사랑하는 아내 라헬을 얻을 수 있었다.

대가족을 이루었으나 행복한 가정이라고 할 수는 없었다.

아들을 얻기까지 오랜 기다림과 어려움을 겪었던 할아버지 아브라함이나 아버지 이삭과는 달리 야곱은 두 아내와 두 첩을 두고 12명의 아들과 딸을 얻어 대가족을 이루었다. 가족의 번성은 분명 성공이고 축복이다. 그러나 그 가정이 화목한 것은 아니었다. 아내들은 서로 미워했고, 아들들도 서로 시기했다. 그리고 야곱은 아내와 자녀들을 편애했다.

사랑하는 라헬은 자녀를 낳지 못했으나 레아는 쉽게 아들을 넷이나 낳았다. 라헬은 언니를 시기해서 자신의 여종을 남편에게 첩으로 주어 두 아들을 얻었다. 이를 질투한 레아도 자기의 여종을 주어 다시 아들 둘을 얻었다.

시간이 지난 어느 날 레아의 맏아들 르우벤이 들에서 합환채*를 구해 어머니에게 주었다. 이 소식을 들은 라헬은 언니에게 그것을 자신에게 달라고 했다. 레아가 "남편을 빼앗고 이제는 내 아들의 합환채도 빼앗

* 가지 크기의 향기로운 열매를 맺으며 땅 속으로는 인삼처럼 갈라진 뿌리가 있다. 식용과 약용으로 쓰이고 고대인들은 이것을 성욕을 촉진시키고, 불임 여성들의 수태력을 증진하는 신비한 효능을 가진 것으로 믿었다. 오늘 날에도 중근동 사람들에게는 사랑의 묘약으로 통한다. (라이프성경사전, p.1044)

으려느냐"며 분노하자 라헬은 '합환채를 주면 오늘 밤 남편을 양보하겠다'는 조건을 제시했고, 레아가 수락하며 이 거래가 성립되었다. 그 결과 레아는 다시 아들을 낳고 후에 딸도 낳았다.

야곱은 라헬을 사랑했으나 둘 사이에서 자녀를 얻는 것은 쉽지 않았다. 훗날 어렵게 아들을 낳아 이름을 요셉이라고 지었다. 요셉의 이름은 '그가 더하셨다'는 뜻으로 요셉의 뒤를 이어 아들을 더 낳기를 원했던 라헬의 소망이 담겨있다.

이 소망대로 라헬은 요셉의 동생인 베냐민을 갖게 되었지만 출산 과정에서 산고로 죽고 말았다.

아내들은 서로 질투하며 사이가 나빴고, 아들들의 우애도 좋지 않았다. 특히 라헬의 아들 요셉은 형제들의 미움을 받았다. 미움을 받는 이유는 야곱의 편애였다. 야곱은 노년에 얻은 요셉을 특별히 사랑해서 구별된 옷을 입히고 늘 곁에 두려고 했다. 어머니가 다른 형제들의 미움과 분노는 어찌 보면 당연하다.

아버지의 편애를 받는 요셉을 미워하던 형들은 훗날 우연한 기회에 미디안의 상인들에게 은 20세겔*을 받고 그를 팔아버리고, 야곱에게는 들짐승에게 공격을 받아 죽었다고 거짓말을 했다. 그 말을 들은 야곱은 평생을 사랑하는 아들 요셉이 죽은 것으로 알고 비통한 삶을 살았다. 요셉의 이야기는 다음 단원에서 자세히 살펴보자.

> *세겔은 고개 근동의 무게 단위이며, 훗날 화폐단위로 통용되었다. 학자들의 연구에 따르면 1세겔은 대략 11.4g로 추정된다. (라이프성경사전, p.540)

외삼촌 라반과 조카 야곱, 서로 속고 속이다.

처음 야곱이 라반을 위해 일할 때 라반의 가축은 많지 않았다. 그러나 야곱이 돌본 후 라반의 재산은 크게 불어났다. 야곱의 능력으로 라반의 재산은 많아졌으나 정작 야곱은 정당한 대우를 받지 못했다.

이제 세월이 흐르고 야곱은 가족을 위해 고향으로 돌아가겠노라고 라반에게 말했다. 라반은 야곱의 능력을 알기에 돌려보내고 싶지 않았다. 야곱의 요구를 들어주고 계속 자신을 위해 일하게 하고 싶었다.

이에 야곱은 자신의 요구를 들어준다면 계속 외삼촌 라반의 가축들을 돌보겠노라고 말했다. 야곱의 요구는 가축을 돌보는 대가로 가축 중에 점이 있거나 얼룩지고 검은 것은 자신의 것으로 달라는 것이었다. 후에 야곱의 가축에 얼룩지거나 검지 않은 것이 있다면 모두 훔친 것으로 여기라는 조건까지 달아 외삼촌을 안심시켰다.

외삼촌 라반은 이 조건을 듣고 곧바로 자기 아들들에게 가축 중 얼룩지고 검은 것은 구별해서 사흘 길 떨어진 곳으로 이동시키라고 했다. 야곱은 얼룩지고 검은 것 없는 가축을 계속 돌보게 된 것이다.

그러나 야곱의 계략은 라반의 배신을 넘어선다. 야곱은 가축이 물을 먹으러 와서 새끼를 배는 것을 알고, 물 먹는 여물통 앞에 줄무늬를 새긴 나뭇가지를 세워두었다. 줄무늬를 보며 생긴 새끼들이 얼룩지고 검게 나오는 것을 본 야곱은 튼튼한 가축이 새끼를 배려 하면 줄무늬를 보여주고, 약한 가축이 새끼를 배려 하면 줄무늬를 보여주지 않았다. 그리고 얼룩지거나 검은 새끼가 나오면 구분해서 따로 관리했다. 튼튼한 가축은 계속 얼룩지고 검은 새끼를 낳고, 약한 가축은 얼룩이 없는 새끼가 되게 한 것이다. 그 결과 약한 것은 라반의 것이 되고, 튼튼한 것은 야곱의 것이 되었다.

이후에도 라반은 야곱과의 계약을 여러 번 수정하며 신의를 지키지 않았다. 그럼에도 불구하고 시간이 갈수록 야곱은 많은 가축과 종들을 가진 큰 부자가 되었다.

외삼촌 라반과 조카 야곱 사이에는 신뢰와 의리는 전혀 없었다. 그저 자신들의 이익을 위해 속고 속일 뿐이었다.

고향으로의 탈출

외삼촌 라반과 그의 아들들은 화가 나기 시작했다. 그들은 야곱이 자신들의 소유를 빼앗아서 부자가 되었다고 생각했다. 야곱은 외삼촌과 사촌들이 자신을 대하는 것이 예전과 같지 않다는 것을 알고는 아내들과 탈출할 계획을 세운다.

라반의 집에서 떠나다.

야곱의 꿈에서 하나님의 사자가 말했다.

"나는 벧엘에서 너에게 나타났던 여호와 하나님이다.

너는 거기서 돌기둥에 기름을 붓고 나에게 맹세를 했

다. 당장 이곳을 떠나 네가 태어난 땅으로 돌아가거라." (창세기 31장 13절, 쉬운성경)

야곱과 아내들은 외삼촌이 양털을 깎으러 멀리 나간 틈을 타서 몰래 그곳을 탈출했다. 야곱의 아내 라헬은 아버지의 드라빔*을 훔쳐 가지고 남편을 따랐다. 야곱과 라헬 둘 다 욕심이나 술수가 부창부수라 할 수 있겠다.

> * 가정의 수호신이나 점치는 일에 사용된 우상. 메소포타미아에서는 드라빔이 집안에 다산과 풍요를 가져다 주고 부친의 드라빔을 소유한 자는 재산을 상속받는 풍습도 있었다고 한다. 성경에서는 단순히 우상으로도 번역된다. (라이프성경사전, p.231)

삼 일 후 야곱의 탈출 소식을 들은 라반은 사람들을 모아 야곱을 추격했다. 그리고 야곱을 따라잡고 왜 도망치는지, 그리고 드라빔은 왜 훔쳐 갔는지 물었다.

야곱은 라헬이 드라빔을 훔친 것은 알지 못했기 때문에 훔치지 않았다 하고, 라반은 야곱과 그 가족의 천막을 다 뒤졌지만 라헬의 대처로 드라빔을 찾지 못했다. 야곱은 삼촌에게 왜 자신을 속이고, 이처럼 불같이 따라와서 도둑 취급을 하는지 따져 묻는다. 자신은 삼촌을 위해 20년을 일했으니 처음 14년은 딸들과 결혼을 위해서, 이후 6년은 가축을 얻기 위해 일했고, 일하는 동안 삼촌은 열 번이나 계약을 수정했으나 하나님께서 자신과 함께 하셨다고 항변했다.

드리빔도 찾지 못하고, 야곱을 잡아갈 명분이 없어진 라반은 야곱과 돌무더기를 쌓고 계약을 맺었다. 서로 그 돌무더기를 넘어 와서 해치지 않을 것을 언약했다. 서로가 속인 것이 많으니 훗날의 안전을 위해서라도 이러한 계약은 반드시 필요했을 것이다.

형 에서를 만나다.

이렇게 우여곡절을 겪으며 라반의 집을 탈출해 나왔지만 야곱에게는 곧 마주하게 될 공포의 대상이 있었다. 바로 자신에게 장자의 축복을 빼앗긴 형 에서였다. 분노한 에서를 피해 라반에게로 도망쳐서 20년의 세월이 지났지만 집으로 돌아간다는 것은 형과의 대면을 피할 수 없는 일이었다.

야곱은 얍복강가에서 에서에게 심부름꾼을 보내 이렇게 소식을 전했다. "야곱은 라반과 함께 살고 있고 가축들과 가족이 있습니다. 이것을 형님께 알리고 은혜를 구합니다."

야곱이 보낸 심부름꾼들은 형 에서가 지금 400명을 거느리고 자신을 만나겠다고 오고 있다는 소식을 가지고 돌아왔다. 야곱은 눈앞이 캄캄해졌다. 400명은 오랜만에 만나는 동생을 반기기 위한 인원이라기 보다는 전쟁을 불사하겠다는 각오로 보일 수밖에 없다.

야곱은 살기 위해 계략을 세웠다. 사람들과 가축을 두 무리로 나누었다. 만약 에서가 앞서 한 무리를 치면 다른 한 무리는 도망칠 계획이었다. 그리고 야곱은 가축 떼를 여럿으로 나눠 에서가 있는 곳으로 먼저 보내며 이렇게 일렀다. "혹시 형 에서가 '너는 어디서 오는 자들인가?' 물으면 '이 짐승들은 우리 주인 야곱의 것인데 모두 에서 주인님께 드리는 선물입니다. 주인님의 종 야곱은 저희 뒤에 오고 있습니다.'라고 답하라." 야곱은 이렇게 여러 떼를 자신보다 먼저 순차적으로 보냈다. 날선 형의 마음이 뇌물 앞에 누그러지기를 기대했다고 볼 수 있다.

야곱은 두 무리로 나눈 가족들과 모든 재산을 강 건너로 보내고 홀로 뒤에 남았다. 오랫동안 사람을 속이며 살았던 야곱은 의심이 많았기 때문에 함부로 에서가 있는 강 건너로 가지 못했다. 이후 야곱에게 어떤 이가 나타났는데 그와 밤새 씨름을 했다. 날이 밝아오는데도 야곱이 놓아줄 생각이 없자 그는 야곱의 엉덩이뼈를 어긋나게 했다. 그런데도 야곱은 "복을 주지 않으면 보내주지 않겠다"며 매달렸다.

결국 그는 "네 이름은 이제부터 야곱이 아니라 이스라엘이다. 네가 하나님과 씨름했고, 사람과도 씨름해서 이겼기 때문이다." (창세기 32장 28절, 쉬운성경) 라며 복을 주었다. 그와 밤새 씨름한 분은 하나님이었고, 마침내 하나님의 축복을 받은 야곱은 다리를 절뚝이며 강을 건넜다.

강을 건너자 에서와 400명의 군대가 보였다. 야곱은 일곱 번 절하며 엎드렸다. 야곱을 발견한 에서는 달려와 안아주며

입 맞추고 서로 울었다. 아마도 미워하며 헤어져 살았던 긴 시간이 서러웠을 것이다. 에서는 먼저 보낸 가축 떼는 무엇인가 물었고, 야곱은 형의 은혜를 얻기 위함이라고 답했다. 그러나 에서는 나도 재산은 충분하니 너의 것은 네가 가지라며 이제 나와 함께 가자고 권했다. 야곱은 이 말이 두려웠다. 오랜만에 만나 반가워하며 정을 나누었다고는 해도 자신의 모든 재산을 가지고 형의 땅으로 들어간다면 재산은 물론 자신의 안전도 장담할 수 없을 것이라고 생각했다.

야곱은 긴 여행 때문에 가축과 가족이 지쳐서 지금은 에서의 땅인 세일까지 갈 수 없으니 형님이 먼저 가서 기다리시면 후에 따라가겠다며 자신의 형편을 살펴달라고 에서에게 부탁했다. 그러자 에서는 자신의 군사 중 몇 명을 남겨 함께 오도록 돕겠다고 하지만 에서를 달래며 이것 또한 거절했다. 마침내 에서는 모든 군대를 이끌고 세일로 돌아갔다. 그러나 이후 야곱의 행보를 보면 이 또한 그때를 모면하기 위한 야곱의 거짓말이었다는 것을 알 수 있다.

형 에서가 떠나자 야곱은 놀란 가슴을 쓸어안고 급히 숙곳을 거쳐 세겜 성으로 향했다. 그리고 은 100개를 주고 그곳에서 땅을 샀다. 그리고 그곳의 이름을 '엘엘로헤이스라엘'*이라 불렀다. 껄끄러운 형과

* 하나님, 이스라엘의 하나님이라는 의미이다. 외삼촌 라반에게서 탈출에 성공하고 형 에서의 위협에서도 벗어난 후 자신의 새이름 이스라엘을 넣어서 지은 이름이다.

거리도 유지하게 되었고, 정당한 가치를 지불하고 얻었으니 세겜의 성은 야곱에게 안전을 담보하는 듯했다.

원치 않은 전쟁에 휘말리다.

세겜 성에서 안전하다 안심하던 야곱에게 사건이 생겼다.

딸 디나가 성을 구경하러 나섰다가 디나를 마음에 두었던 하몰의 아들이자 그 땅의 추장인 세겜에게 강간을 당한 것이다. 이 소식을 들은 야곱의 아들들은 여동생이 부끄러움을 당했다며 크게 분노했다.

며칠 후 하몰은 야곱에게 세겜과 디나의 결혼을 요구했다. 야곱의 아들들은 세겜 남자들이 모두 할례를 받아야 결혼을 허락할 수 있다고 했다. 하몰과 세겜은 괜찮은 조건이라고 여겨 받아들였다. 세겜은 성의 사람들에게 할례를 받아야 자신들과의 교류를 허락할 테고 그렇게 교류하게 되면 야곱의 가축과 재산이 모두 자신들의 것이 되지 않겠냐며 설득했고, 사람들은 그럴듯하다고 여겨 할례를 받았다. 3일 뒤 할례를 받고 남자들이 고통스럽게 누워있을 때, 야곱의 아들들이 세겜 성을 공격해서 성 안의 남자들을 모두 죽이고 성을 노략하고, 누이 디나를 집으로 데리고 왔다.

이 모습을 본 야곱은 오히려 딸 디나를 구출해 온 아들들을 책망했다. "너희는 나에게 괴로움을 안겨 주었다. 너희가 세겜 성을 쳤으니 이 지역 모든 사람들이 우리를 미워하고 공격할 것이다. 그러니 이제 우리 집안은 망하게 되었구나." 아들들은 야곱에게 이렇게 대꾸했다. "우리 누이가 창녀 취급을 받았는데 어떻게 보고만 있습니까?"

이 사건에서 야곱의 성품을 잘 알 수 있다. 얼마나 계산적이고 이기적인 모습인가? 딸의 수치보다 아들들의 분노보다 자신의 안위가 우선이었다.

돌고 돌아 다시 벧엘로 돌아가다.

결국 야곱은 다시 처음으로 돌아간다. 형을 피해 도망치다 노숙했던 곳, 하나님과 언약을 맺었던 곳, 벧엘이다.

벧엘을 거쳐 도착한 삼촌 라반의 집에서 야곱은 속이고 속으면서 치열한 삶을 살았다. 이후 형 에서의 위협에서 살아남기 위해 지혜를 짜내 세겜을 선택했다. 잠깐은 안전했으나 결국 세겜은 야곱에게 안식처가 되지 못했다. 돌고 돌아 결국 이 모든 여정의 출발이었던 벧엘로 다시 돌아간 것이다.

벧엘로 가는 길에 야곱과 가족들은 외삼촌 라반의 집에서 가지고 나왔던 신상과 우상들을 모두 세겜 성에서 가까운 큰 나무 아래에 파묻었다. 이 행동은 옳지 못했던 모든 과거와의 완전한 단절을 뜻한다. 그 때에 비로소 야곱과 가족들의 안전이 보장되었다.

"그런 다음에 야곱과 그의 아들들은 그곳을 떠났습니다. 그러나 근처에 있는 성 사람들이 하나님을 두려워하여 야곱의 아들들을 쫓아오지 못했습니다." (창세기 35장, 5절, 쉬운성경)

평생을 속는 야곱

그러나 그의 안식은 그리 오래가지 못한다. 다시 벧엘로 돌아가 안전하게 가나안에 정착해서 살고 있을 때 또 사건이 그의 가정 안에서 벌어진다. 외부로부터의 위협은 아니었다.

앞서 말했듯이 야곱은 라헬이 낳은 아들 요셉을 편애했고, 그에게 특별히 채색옷*을 입혀서 키웠다. 채색옷은 가정에서의 권위를 상징한다. 이러한 야곱의 행동은 자신이 태어난 순서를 무시하고 장자의 권한을 빼앗았던 것처럼 열한 번째 아들 요셉에게 장자권을 주려는 것으로 받아들여져 형제 간의 불화와 불신을 더욱 깊어지게 할 뿐이었다.

> * 형형색색으로 염색된 고급 소재의 천으로 만든 소매 달린 고운 옷을 일컫는다. 왕족이나 부유층 혹은 가문의 우두머리나 집안의 존귀한 자가 입던 귀한 의복으로, 부유함과 특권을 나타낸다. (라이프성경사전, p.935)

결국 요셉의 형들은 요셉을 이집트로 향하는 미디안의 상인들에게 돈을 받고 팔아버렸다. 형제를 인신매매한 것이다.

그리고 아버지 야곱에게는 짐승의 피를 바른 요셉의 채색옷을 보이며 광야에서 짐승에게 공격을 받아 죽은 것 같다고 전했다.

이후 야곱은 요셉이 죽은 줄 알고 훗날 이집트에서 살아남아 총리가 된 요셉을 다시 만나게 될 때까지 가장 사랑하는 아들을 가슴에 깊이 묻고 슬픈 절망의 세월을 살았다. 평생 속고 속이며 편법과 권모술수로 살았던 야곱은 다른 누구도 아닌 아들들에게 속아 고통스러운 세월을 살아야 했다.

▎ 야곱 적용하기

야곱은 평생토록 자신의 목적을 이루기 위해 주변인을 속이고 가장 이기적인 선택을 하며 살았다. 야곱은 목적을 이루기 위해서라면 옳은 것과 옳지 않은 것을 구분하지 않았다. 형제와 친척을 속이는 데 거침이 없었고, 가족들을 대할 때도 언제나 자신의 이익이 우선이었다. 그 결과 빈손으로 시작한 야곱은 많은 것을 소유하고 부를 이룰 수 있었다.

원하는 많은 것을 소유한 야곱의 삶은 성공한 것일까? 야곱은 자신의 인생을 성공이라고 생각했을가? 야곱은 과연 행복했을까? 성공과 행복은 타인의 공증이라기보다는 자신에 대해 스스로 내리는 평가이고 느끼는 감정이니 본인이 인정할 수 있을 때 완성된다.

요셉을 따라 이집트로 이주한 늙은 야곱이 이집트의 왕 파라오를 만나 자신을 소개하며 이렇게 표현했다.

"제가 이 세상을 떠돌아다닌 햇수가 백삼십 년이 되었습니다. 제 조상들보다는 짧게 살았지만 고통스러운 삶이었습니다." (창세기 47장 9절, 쉬운성경)

그의 삶은 고통스러운 것이었다. 개역성경에는 험한 세월을 살았다고 표현되어 있다. 그는 행복하지 않았고, 스스로 성공적인 삶을 살았다고 인정하지 못했다. 야곱은 자신의 인생을 실패라고 평가한다.

그의 삶이 실패한 이유는 무엇일까?

우선순위의 실패 때문이다. 선택의 순간 무엇을 우선했느냐의 문제이다. 옳은 것이 먼저인지, 아니면 내게 유리한 것이 가장 우선되는가 이다.

우리가 쉽게 빠지는 실수는 목적을 위해 노력할 때 옳고 그름을 신중하게 선택하지 못하는 것이다. 옳은 것보다 유리한 것, 이익이 되는 것에 쉽게 유혹된다. 그러나 결국 옳지 않은 선택을 통해 이룬 결과물은 성공과 행복을 완성하지 못한다. 다음 단원에서 살필 요셉의 인생과 비교하면 성공과 실패에 대한 생각이 더욱 분명하게 정리될 것이다.

　야곱의 삶에서 배울 수 있는 교훈은 매우 단순하다.

　성공적인 삶은 소유에 있는 것이 아니다. 야곱은 치열하게 노력해서 많은 것을 소유했지만 결국 누리지 못하는 소유는 불행이었다. 장자의 권한에 욕심을 내고는 옳고 그름에 관계없이 형을 속이고 아버지를 속이면서 빼앗았다. 그러나 그 행동의 결과는 평생을 도망 다니면서 사는 것이었다. 장자권을 빼앗았지만 누리지 못했다.

　많은 가족과 재산을 일궜지만 그것을 지키기 위해 허다한 거짓과 고통이 따랐다. 속이려는 외삼촌의 가족을 상대해야 했고, 형 에서의 위협에 두려워 했고, 세겜에서는 딸의 수치와 이에 대한 보복이 부른 전쟁에 휩쓸리게 되었다. 역시 고통뿐이었다. 복의 상징과 같은 다산을 이루었지만, 행복한 가정을 이루지는 못했다.

　하나님은 사랑과 공의의 하나님이시다. 당신의 사람들을 항상 사랑하지만 의롭지 않은 것은 결코 그냥 넘어가지 않으신다. 그러므로 하나님을 믿고 신뢰한다면 무엇보다도 먼저 옳은 것을 선택해야 한다. 옳지 않은 선택을 하고 좋은 결과를 얻게 해달라고 기도한다면 그것 자체가 모순이 된다.

옳고 그름의 기준은 마땅히 하나님께서 기뻐하시는 것이냐 그렇지 않느냐 이다. 쉽게 말해 내 믿음의 양심에 비추어 보아 옳은 것을 선택해야 한다. 스스로 속이고 핑계하지 말아야 한다.

그리고 선한 선택 후에 최선을 다해 노력해야 한다. 그 선택이 옳다는 것을 확신한다면 내가 해야 할 일에 성실해야 하고, 최선의 노력을 경주해서 그 결과로 자신의 선택을 다시금 증명해야 한다.

고난 속에도 꿈을 놓지 않은 요셉

목적한 바를 이루기 위해 수단과 방법을 가리지 않았던 야곱. 옳고 그름보다 자신의 이익을 먼저 취하면서 선택의 우선순위를 잘못 결정했고, 결국 인생의 마지막에 후회로 마무리하며 '실패'를 인정한다. 그러나 그의 아들 요셉은 다른 인생을 살았다. 힘들었지만 옳은 일을 선택했고 고통스러웠지만 잘 견뎌서 결국은 성공적인 삶이었음을 스스로 고백한다.

요셉은 어떻게 성공적인 삶을 살 수 있었을까?

야곱의 열한 번째 아들, 요셉

부모의 편애와 형제의 미움 속에 자라다.

요셉은 야곱과 그의 두 번째 부인 라헬 사이에서 첫 번째로 태어난 아들이다. 요셉의 위로는 이미 열 명의 배다른 형들이 있었다. 그러나 열한 번째 아들 요셉에 대한 야곱의 사랑은 아주 특별해서, 채색옷을 입혀 가까이에 두었다. 형들은 아버지의 편애를 받는 요셉을 시기하고 미워했다.

아버지의 편애뿐 아니라 요셉 자신도 눈치가 없는 아이였다. 자기를 미워하고 있는 형들의 실수나 나쁜 행동을 보면 곧바로 아버지에게 알리는 것이 일상이었다. 어쩌면 형들이 요셉을 미워하는 것은 당연해 보인다.

꿈꾸는 녀석

아버지의 편애를 받는 데다 눈치도 없었던 요셉은 자주 꿈을 꾸었다. 그리고 꿈을 꾸면 꼭 아버지와 형들에게 그 내용을 말하며 자랑했다. 그러나 요셉의 꿈은 그렇지 않아도 요셉을 마땅치 않게 여기는 형들에게는 더욱 기분을 나쁘게 하는 이야기였다.

요셉이 꾼 꿈은 이러했다. "형제들이 밭에서 곡식 단을 묶고 있는데 내 단이 일어서고 형들의 단이 내 단에 둘러서서 절을 했습니다." "해와 달과 열한 별이 내게 절을 했습니다." 요셉의 꿈 이야기를 듣고는 아버지 야곱조차 "나와 네 어머니와 형들이 모두 너에게 절을 해야 하는 것이냐?"며 화를 낼 정도였으니 형들의 시기와 질투는 당연했다. 그러나 요셉에게는 그 꿈을 마음 속에 담아두고 굳이 말하지 않는 지혜가 없었다. 그런 만큼 요셉을 향한 형들의 미움은 깊어졌다.

요셉의 끝없는 추락

이집트로 팔려 가다.

형들의 미움이 얼마나 대단했는지 결국 동생 요셉을 이집트로 가는 노예상에게 팔아버리는 일이 일어나고 말았다.

어느 날 형들이 집에서 멀리 떨어진 곳에서 양떼를 치고 있었다. 야곱은 집에서 멀리 떠난 아들들과 양떼가 잘 있는지 알고자 요셉을 형들에게 보냈다. 그런데 멀리서 오는 요셉을 먼저 발견한 형들은 그를 죽일 궁리를 한다. 형제들은 요셉을 광야의 물웅덩이에 빠뜨려서 죽이고, 아버지에게는 짐승이 잡아먹었다고 둘러대기로 계획을 세웠다. 그리고 요셉을 만나 채색옷을 벗기고 웅덩이에 던졌지만 마침 그 웅덩이는 마른 웅덩이여서 간신히 생명은 구했다.

얼마의 시간이 지났을까 낙타에 여러 가지 물건을 싣고 이집트로 가는 상인들이 눈에 띄었다. 상인들을 보고 유다가 한 가지 의견을 냈다. "우리가 동생을 죽인다고 우리에게 좋은 일이 뭐가 있겠어? 직접 죽이지 말고 저기 상인들에게 팔아버리자. 그러면 동생을 죽이는 죄도 짓지 않게 되잖아. 그래도 요셉은 우리의 동생이고 우리의 혈육이잖아." 얼마나 가증하고 사악한 계획인가? 그러나 이런 유다의 의견에 형제들이 흔쾌히 동의했다. 결국 형들에 의해 요셉은 상인들에게 팔려 이집트로 끌려가게 되었다.

이집트에 끌려간 요셉은 이집트 파라오의 친위 대장 보디발의 집에 노예로 팔려갔다. 노예가 되었지만 요셉은 꽤 유능했다. 그래서 보디발은 그를 신뢰하고 좋아해서 집 안에 머물며 집안 일과 재산을 관리하게 했다. 요셉에 대한 보디발의 신임은 매우 두터워서 자기가 먹는 음식 말고는 요셉이 하는 일에 전혀 간섭하지 않았다.

감옥에 갇히다

주인의 신뢰 아래 요셉은 노예답지 않게 편안한 삶을 살게 된 것이다. 그러나 이 평화는 오래가지 못했다. 시간이 지나며 보디발의 아내가 요셉에게 점점 눈길을 주는 듯하더니 어느 날 그를 유혹하며 동침을 요구했다. 요셉은 놀라서 '당신과 동침하는 것은 주인과 하나님께 죄를 짓는 일'이라며 그녀의 요구를 단호하게 거절했다.

그럼에도 불구하고 주인 아내의 요구는 계속되었고, 집에 단 둘만 있는 날 사건이 벌어졌다. 주인의 아내가 요셉의 옷을 잡으며 동침을 요구하자 요셉은 붙잡힌 옷을 벗어버리고 밖으로 도망쳐 나왔다. 이에 자존심도 상하고 화가 난 주인의 아내는 요셉이 자신을 강간하려 했다고 소리치며 요셉의 옷을 증거로 내놓았다.

그리고, 남편이 돌아왔을 때 요셉의 옷을 증거로 요셉을 고발했다. 분노한 보디발은 요셉을 잡아 왕의 죄수들을 가두는 감옥에 가두었다. 족장의 아들에서 노예로, 그리고 다시 노예에서 죄수로 추락이 거듭되었다. 이후로 요셉은 오랫동안 감옥에 갇혀있었다.

감옥에서도 요셉의 성실함과 지혜로움은 간수장의 눈에 띄었다. 보디발의 집에서와 마찬가지로 감옥의 사무를 담당하게 되었고, 간수장은 요셉의 지혜로움을 알고 그를 믿어서 처리하는 업무는 간섭하지 않았다.

어느 날 요셉이 갇혀있는 보디발 집의 감옥에 파라오의 술을 담당하는 관원과 빵을 담당하는 관원이 잡혀들어왔다. 보디발은 요셉에게 두 관원의 시중을 들게 했다.

그렇게 지내던 중 두 관원이 꿈을 꾸었는데 뜻을 알 수 없어 두려워하고 있었다. 요셉이 꿈의 뜻을 해석해줄 수 있다며 내용을 들려달라고 했더니 술 관원이 먼저 요셉에게 꿈 이야기를 해주었다.

"내가 꿈에 포도나무를 봤다. 그 포도나무는 가지가 셋 있었는데 가지에 싹이 나고 꽃이 피더니 포도가 열리는 거야. 그래서 내가 잔을 들고 있다가 포도를 짜서 즙을 파라오에게 바쳤단다." 요셉은 술 관원의 꿈 내용을 듣고, 삼 일 후 술 관원으로 복직되고 다시 파라오에게 포도주를 바칠 수 있게 될 것이라고 해몽해주었다. 그리고 요셉은 자신을 잊지 말고 자신의 억울함을 파라오에게 말해서 감옥에서 풀려나게 해달라고 부탁했다.

이 모습을 본 빵 관원도 자신의 꿈을 이야기해주었다.

"내 머리 위에 빵이 담긴 바구니 세 개가 있었는데, 가장 위에 있는 바구니에 파라오에게 바칠 빵들이 있었단다. 그런데 새들이 바구니 속의 빵을 먹어버렸어." 요셉은 빵 관원은 삼 일 후 사형을 당하게 될 것이고 그의 시체는 새들이 쪼아 먹게 될 것이라고 말했다.

그리고 삼 일 후 정말 두 관원은 요셉의 말과 같이 한 사람은 복직되고, 한 사람은 사형을 당했다. 그러나 복직된 술 관원은 요셉의 부탁을 잊었다. 아마도 그에게는 감옥에서 자신의 시중을 들던 노예와의 약속을 꼭 지켜야 한다는 의무감도 없었을 것이다. 더욱이 감옥살이는 '굳이 기억하고 싶지 않은 과거'였을 것이다.

존재 자체를 부정 당하다.

부족장인 아버지의 사랑을 독차지하던 요셉은 이제 세상의 모든 사람들에게 잊혀진 존재가 되었다.

요셉을 유난히 사랑한 아버지 야곱은 아들들이 가져다 준 요셉의 피묻은 옷을 보고 그의 죽음을 거부할 수 없었으니 야곱에게 요셉은 가슴에 묻어둔, 이 세상에 없는 아들이었다. 동생을 이집트에 팔아버린 형들은 자신들의 잘못을 감추기 위해서라도 요셉을 잊기 위해 노력하며 살았을 것이다. 그들에게 동생을 팔아버렸다는 사실을 후회하는 것과 자신들의 범죄가 발각되는 것은 별개의 문제이다. 마음에 남아있는 죄책감과 현실적으로 동생을 판 파렴치한이 되는 것은 차원이 다른 문제였다. 어머니 라헬이 이미 오래 전에 죽었고, 늦게 태어난 동생에게 요셉은 희미한 어린 날의 기억일 뿐이지 않았을까? 결국 가나안의 가족은 각자의 절실한 이유로 요셉의 존재를 잊기 위해 노력하며 살았을 것이다.

이집트에서도 요셉은 모든 사람에게 부정당한 사람이다. 요셉의 주인이었던 보디발은 아내와 관련된 사건을 숨기기 위해서라도 감옥에서 죄수로 잊혀진 채 살기를 바랐을 것이고, 술 관원 역시 다시 돌아보고 싶지 않은 과거의 사건 속 인물인 요셉은 굳이 기억하고 싶지 않은 존재였다.

그는 분명히 보디발의 집 감옥에 살아있지만, 이 세상 누구도 기억하고 싶어 하지 않는 '존재하지 않는 존재'가 되었다. 더 이상의 추락은 없다.

추락 끝, 비상 시작

아무도 파라오의 꿈의 의미를 설명하지 못하다.

2년 후 이집트의 궁에서는 한바탕 소란이 일어났다. 파라오가 꿈을 꾸었는데 아무도 해몽하지 못했기 때문이다. 파라오는 너무나 선명하게 기억나는 꿈을 꾸었는데 이집트의 점술가나 지혜자라고 하는 사람들 모두 그 꿈의 뜻을 설명하지 못하고 있었다. 파라오의 불안과 분노는 극에 달했고 주변의 모든 신하들은 긴장한다.

불안해하는 파라오에게 술 관원은 조심스럽게 과거 감옥에서 만났던 요셉을 추천한다. 당시에 함께 감옥에 갇혔던 빵 관원과 자신의 꿈을 해몽해서 빵 관원의 죽음과 자신의 복권을 맞췄다는 것을 파라오에게 이야기했다.

파라오는 친위대장 보디발의 집 감옥에 있는 요셉을 불러오게 했다. 그리고 곧바로 가나안에서 온 노예였던 죄수 청년인 요셉에게 파라오는 꿈을 이야기하고 그 뜻을 설명해 주기를 기대했다. 그만큼 절박하고 궁금했다.

"내가 강에서 살지고 아름다운 소 일곱 마리가 풀을 뜯어먹고 있는 것을 보고 있었다. 그런데 다음 날 야위고 못생긴 소 일곱 마리가 나타나서 아름다운 소 일곱 마리를 모두 잡아먹었다. 나는 놀라서 잠에서 깼다가 다시 잠들어 또 꿈을 꾸었다. 다시 잠들었을 때는 꿈에 튼실한 이삭 일곱 개가 한 가지에서 나왔다. 그런데 다음 날 야위고 바싹 마른 다른 일곱 이삭이 올라와서 튼실한 이삭을 모두 잡아먹었다. 나는 또 놀라서 꿈에서 깼고 꿈이 너무나 선명한데 의미를 모르겠다. 요셉아 해몽할 수 있겠니?"

꿈의 뜻을 설명하고, 이집트의 이인자가 되다.

파라오는 꿈 이야기를 들은 요셉은 다음과 같이 풀어 설명했다.

"파라오의 두 번의 꿈은 같은 것입니다. 처음 나온 일곱 소와 이삭들은 풍년을 의미하고, 뒤에 나온 일곱 소와 이삭들은 흉년을 의미합니다. 그런데 뒤에 나온 소와 이삭이 모두 잡아먹었다는 것은 뒤에 오는 흉년이 너무나 커서 사람들은 이전의 풍년은 기억도 하지 못할 정도라는 것입니다. 하나님께서 두 번이나 같은 꿈을 꾸게 하신 것은 이 일이 반드시 일어날 것이라는 의미이고, 파라오께서 현명한 사람을 세워 어려움을 잘 대비한다면 칠 년의 흉년에도 백성들은 죽지 않을 것입니다."

파라오와 모든 신하들은 요셉의 해몽에 동의했고, 파라오는 그 순간 가장 현명하다고 생각되는 요셉에게 이집트를 운영하게 맡겼다. 파라오는 자기의 손가락에서 왕의 도장이 찍힌 반지를 빼서 요셉에게 끼우고 '사브낫바네아'라는 이집트 이름을 지어준 후 전권을 위임했다.*

요셉, 능력을 발휘해 이집트를 관리하다.

이집트의 2인자가 된 요셉은 풍년이 든 칠 년 동안 식량을 각 성에 비축하게 했다. 당시에 쌓아둔 식량은 더 이상 쌓을 수 없을 만큼 많은 양이었다.

요셉은 아스낫과 결혼했다. 아스낫은 온의 제사장 보디베라의 딸이었다.* 아스낫과의 사이에서 아들 둘을 낳았다. 첫째 아들의 이름은 므낫세, 둘째 아들은 에브라임이었다. 므낫세는 "하나님께서 나의 모든 고통과 내 아버지의 집을 잊게 해주셨

* 요셉은 이집트의 최고 권력층인 제사장의 딸과 결혼함으로 안정적으로 권력에 안착했다. 온 제사장은 모든 주요 행사를 집전했으며 헬리오폴리스 성의 신전에서 태양신 레(Re)를 섬기던 하위 제사장들을 감독했다.

다"라는 의미이고, 에브라임은 "하나님께서 내가 고통받던 이 땅에서 나에게 자녀를 주셨다"는 의미이다. 요셉은 가나안과 가족을 모두 잊고 성공한 삶을 살았다.

칠 년의 풍요로운 시기가 지나고 흉년이 찾아왔다. 모든

땅에는 먹을 것이 없었지만, 오직 요셉이 통치한 이집트에는 먹을 것이 충분했다. 흉년이 들어 먹을 것이 없는 백성들이 파라오에게 식량을 요구했고 파라오는 요셉에게 가서 그가 하라는 대로 하라고 명했다. 전권을 위임받은 요셉은 창고를 열어 이집트 백성들에게 곡식을 팔아 굶지 않게 했다.

처음에는 돈을 받고 곡식을 내주었다. 그러나 흉년이 길어져 돈이 떨어지게 되자 가축을 받고 곡식을 내주었다. 이후 땅을 받고 곡식을 내주었다. 요셉은 흉년 기간 동안 제사장들의 땅을 제외하고 이집트의 모든 밭을 사들여 왕의 것으로 만들었다. 흉년이 지난 후 이집트의 모든 땅은 파라오의 것이 되었다. 요셉은 씨앗을 주어 농사를 짓게 하고 추수의 5분의 1을 파라오에게 바치게 했다. 이집트의 사람들은 요셉 때문에 살았으므로 "총리님은 우리 목숨을 구해주셨습니다. 총리님의 뜻이라면 우리는 파라오의 노예가 되겠습니다."라며 충성을 맹세했다. 위로 단 한 사람 파라오 이외에는 그의 권세를 대적할 사람이 없이 요셉은 승승장구했다.

흉년은 온 세상을 덮었고, 외국인들도 먹을 것을 구하기 위해 이집트로 향했다. 가나안에 있는 야곱과 그의 가족들의 상황도 다르지 않았다.

복수와 용서 사이

가나안에도 흉년이 왔고 야곱은 아들들에게 이집트에서 식량을 구해오라고 했다. 형제들은 식량을 구하기 위해 이집트로 향했다.

형들과 마주하다.

식량을 구하기 위해 이집트에 도착한 형들을 먼저 알아본 것은 요셉이었다. 그러나 형들은 요셉이 살아있을 것이라고는 상상도 하지 못했다.

형들을 알아본 요셉은 형들을 정탐꾼이라며 잡아들였다. 요셉은 형들을 심문하며 가족들에 대해 자세히 물었다. 형들은 절대로 자신들은 정탐꾼은 아니며 가나안에 살고 있는 평범한 사람들이고 늙은 아버지와 어린 동생이 기다린다며 풀어줄 것을 호소했다. 감옥에 가둔 지 삼 일 후 요셉은 형들에게 "너희 중 한 사람은 볼모로 남고, 나머지는 식량을 가지고 돌아가서 가족들을 먹여라. 그리고 막내 동생을 데리고 온다면 너희를 믿고 모두 풀어주겠다"고 했다.

요셉의 말을 들은 형제들은 과거 자신들이 동생 요셉에게 했던 행동의 벌을 받는 것이라며 두려워했다. 형제들은 요셉이 가나안의 말을 알아듣지 못하는 줄 알고 대화하고 있었으나 요셉은 형들이 후회하고 있다는 것을 알고 숨어서 울었다. 서러움과 그리움의 눈물이었을 것이다.

형들 중 시므온을 볼모로 잡아두고 요셉은 형들의 가방에 곡식을 가득 채우고 돈도 돌려주었다. 뿐만 아니라 돌아가는 동안에 필요한 물건들도 챙겨주었다. 형제들은 돌아가는 길에 자루의 돈을 확인하고는 두려움에 빠진 채 가나안으로 돌아갔다. 곡식 값으로 지불한 돈이 모두 가방에 그대로 있었기 때문이다.

가방에 돈과 곡식을 가득 채워서 돌아온 아들들에게 이집트에서의 소식을 들은 야곱은 분노했다. 베냐민을 데리고 이집트로 가야 한다는 아들들의 말에 "요셉도 없어지고, 시므온도 없는데 이제 베냐민마저 데려가려는가?" 아들들은 야곱에게 베냐민은 반드시 데리고 돌아오겠다고 맹세했다. 그럼에도 야곱의 마음은 이 일을 쉽게 허락할 수 없었다.

이후로도 흉년은 계속되었고, 이집트에서 가지고 온 식량도 떨어졌다. 더 이상 이집트로 다시 가는 것을 미룰 수 없었다. 분노하고 두려워하는 야곱을 뒤로하고 형제들은 베냐민과 함께 이집트로 향했다.

요셉은 이집트에 도착한 형제들을 큰 잔치로 대접했다. 그리고 이전처럼 돌아가는 형제들의 가방에 곡식을 가득 채우고 돈도 돌려주게 했다. 그러나 막내 베냐민의 가방에는 아무도 모르게 요셉의 귀한 은잔을 넣었다. 새벽에 형제들은 떠났으나 곧 요셉은 다시 잡아들이라고 명령했다.

영문도 모르고 다시 잡혀 온 형제들에게 요셉은 은혜를 원수로 갚았다며 왜 은잔을 훔쳤는가 심문했다. 형제들은 절대로 그런 일은 없으니 혹시 우리의 가방을 뒤져서 은잔이 나온다면 그 가방의 주인은 죽이고 자신들은 모두 노예가 되겠노라고 다짐했다. 그러나 숨겨놓은 은잔은 베냐민의 가방에서 발견되었다. 이에 요셉이 모두가 노예가 될 필요는 없고, 은잔을 훔친 베냐민만 노예로 삼겠다고 하자, 형제들은 놀랐다. 형제 중 유다가 요셉에게 엎드리며 간청했다.

"우리가 모두 무죄하다는 것을 증명할 방법이 없습니다. 그러나 막내 동생 베냐민은 돌려보내시고 나를 노예로 삼으십시오. 막내는 아버지가 늙어서 낳은 아들인데 막내의 형은 죽었습니다. 막내는 그 어머니의 마지막 남은 소중한 아들입니다. 그래서 아버지가 '막내는 반드시 데리고 돌아와야 한다. 만약에 데려오지 못하면 나는 죽을 것'이라고 했습니다. 그러니 제발 나를 노예로 삼고 막내는 형제들과 돌아가게 해 주십시오. 내가 남아 평생 죗값을 받겠습니다." 이런 상황에 이르자 요셉은 더 이상 감정을 억누르지 못하고 자신이 요셉이라는 것을 형제들에게 말했습니다. "당신들이 노예로 팔았던 요셉입니다." 이집트의 이인자가 된 요셉은 마침내 자신 앞에 엎드린 형들과 마주하게 된 것이다.

이집트로 이주해온 가나안의 가족과 아버지를 만나다.

자신의 정체를 밝힌 요셉은 가나안의 가족들에게 이집트로의 이주를 권한다. 흉년은 아직도 오 년이나 계속될 것이고 가나안에서는 절대로 그 기간을 견딜 수 없기 때문이다.

요셉이 살아있다는 소식을 들은 야곱은 모든 소유와 가족을 이끌고 이집트로 이주했다. 그리고 평생 죽었다 믿어 가슴에 묻고 살았던 사랑하는 아들 요셉과 상봉할 수 있었다.

그리고 파라오 앞에 선 족장 야곱은 자신을 이렇게 소개했다. "내가 우리 조상들보다 오래 살지는 못했지만 참으로 험악한 세월을 살았습니다." 그의 삶이 얼마나 고통스러웠는지 알 수 있는 대목이다. 죽은 줄 알았던 요셉을 다시 만났을 때 요셉이 살았다는 것이 한없이 기쁘고 감사했지만 한편으로 평생을 아들들에게 속아서 살았다는 것에 대한 회한 또한 적지 않았을 것이다.

가나안에서 이주한 야곱의 가족들은 이집트의 고센에서 목축을 하며 생활하게 되었다.

아버지의 죽음 이후 두려움에 빠진 형들에게 자신의 삶을 말하다.

시간이 지나 야곱이 죽었다. 그러자 요셉의 형제들은 두려움에 빠졌다. 당연한 고민이다. 살고 있는 이집트는 동생 요셉의 권세 아래 있는 나라고, 자신들에게는 요셉을 노예로 팔았다는 명백한 범죄가 있으니 말이다. 그동안 아버지를 봐서 자신들에게 복수하지 않았지만 이제 아버지가 돌아가셨으니 복수하려 한다면 죽을 수밖에 없지 않은가?

두려움에 빠진 형들은 요셉을 찾아가 이렇게 말했다. "아우님, 아버지께서 돌아가시기 전에 이렇게 당부하셨습니다. 너희는 요셉에게 죄를 지었으니 용서를 빌어라. 그러니 아우님, 우리를 제발 용서해주십시오." 이렇게 요셉의 어린 시절 꿈은 완벽하게 성취되었습니다. 그러나 요셉은 그 꿈이 하나님으로부터 말미암았으며, 이루어가는 과정 또한 하나님의 섭리임을 알고 있었습니다.

형들의 말을 들은 요셉은 울면서 이렇게 말했다. "형님들, 두려워하지 마십시오. 형님들은 나를 해치려고 했지만, 하나님께서 형님들의 악을 선으로 바꾸셨습니다. 그래서 오히려 많은 사람의 생명을 구할 수 있었습니다. 그러니 두려워하지 마십시오. 내가 형님들과 형님들의 아이들을 돌봐드리겠습니다."(창세기 50장 19-21절) 이 말은 자신의 삶을 하나님께서 이끄셨다는 고백이고, 자신의 인생이 성공적이었다는 뜻이다.

요셉 적용하기

요셉의 성공은 참으로 힘든 과정을 거쳤다. 그의 삶은 고난과 추락의 연속이었다. 어린 시절부터 자신의 선택이 아닌 이유 - 아버지의 편애와 꿈을 꾸는 것 - 때문에 형제들에게 미움을 받았고, 미움이 컸던 형들에 의해 이집트에 노예로 팔렸다. 이집트에서 비록 노예였지만 주인의 신임으로 조금 편한 삶을 살 수 있는 기회가 있었지만 다시 억울한 누명을 쓰고 감옥에 가야 했다. 감옥에서 요셉은 존재하지 않는 사람이 되는 추락을 경험했다.

추락의 원인은 항상 정직함이었다. 꿈을 꾸고, 형들의 잘못을 지적하니 노예가 되었다. 범죄하지 않으려고 주인의 아내의 유혹을 거절한 이유로 감옥에 가야 했다. 꿈을 해몽하고 선의를 베풀었으나 결국 잊혀져야 했다.

꿈을 꾸지 않았다면 형들의 미움은 덜했을 것이다. 미움이 덜했으면 인신매매까지 당하지는 않았을 것이다. 그런 일이 없었다면 아버지 야곱의 품에서 살며 가나안을 떠나지 않았을 것이다.

이집트에서도 하필 파라오의 경호대장 보디발 아내의 유혹을 거절하지 않았다면 감옥에 갇히는 추락은 겪지 않았을 것이다. 감옥에 갇히지 않았다면 파라오의 술 관원을 만날

수 없었을 것이고, 선의를 베풀어 술 관원의 꿈을 해몽하지 않았다면 파라오의 꿈을 해몽하기 위해 파라오 앞에 나갈 수 없었을 것이다. 이 모든 순간 중 어느 한 곳에서 요셉의 선택이 달라졌다면 가나안의 모든 가족들은 흉년을 견뎌내지 못했을 것이다.

하나님께서 주신 꿈을 마음에 두지 않았다면, 형들의 잘못과 실수를 그저 눈 감아주었다면, 주인의 아내의 유혹에 넘어가 죄에 빠졌다면, 하나님께서 주신 지혜를 따라 꿈을 해몽하지 않았다면…. 그러나 요셉의 선택은 항상 하나님께서 보이신 자신의 비전과 옳은 것에 근거했다.

요셉을 통해 우리가 생각하고 적용해야 하는 것은 '우선순위의 문제'이다. 옳은 일과 이익이 되는 일이 충돌할 때 담대하게 옳은 것을 우선에 두는 것이다. 옳고 그름을 먼저 판단해서 옳지 않은 일은 반드시 거절하고 옳은 일을 실천해야 한다. 때로는 손해를 보기도 하고, 억울하기도 하겠지만 결국에는 옳은 일을 하는 사람이 승리하고 성공할 것이라는 믿음이 필요하다.

요셉의 선명한 우선순위와 믿음은 보디발의 아내에게 유혹을 받을 때 거절하며 했던 말에 담겨 있다.

"주인께서는 마님만 빼놓고 모든 것을 저에게 맡기셨

습니다. 그런데 제가 어떻게 그런 나쁜 일을 할 수 있겠
습니까? 그것은 하나님께 죄를 짓는 일입니다." (창세
기 39장 9절, 쉬운성경)

이것이 요셉의 우선순위였다. 그 어느 것보다 중요하게 여
긴 가장 높은 우선순위가 '하나님'이었다는 것입니다. 역사
를 이루시는 분은 하나님이시다. 하나님은 공의로우시니 결
국 세상도 공의를 따르는 자가 승리하고 성공하게 될 것이
다. 이것이 요셉의 믿음이었고 삶의 방법이었다.

또한 꿈을 놓치지 않는 것도 중요하다. 꿈이 단초가 되어
형들의 미움을 받아 이집트로 팔려 가 노예가 되고, 다시 죄
수로 추락하고, 왕국의 이인자가 되어서도 하나님께서 주신
어린 날의 그 꿈, 그의 비전을 놓치지 않았다. 바꾸어 말하면
하나님께서 자신이 이 땅에서 어떤 삶을 살기를 원하시는지
를 알았다는 말이다. 그리고 결국 그 꿈을 이루었다.

이 두 가지가 우리의 우선순위와 삶을 이끄는 원칙이 되어
성공하는 삶을 살게 되기를 바란다.

준비된 지도자, 모세

손님에서 노예로

요셉과 그의 가족들이 이집트로 옮겨간 때는 이집트 역사에서 2차 중간기라고 부르는 시기로 힉소스 왕조 시기라고도 한다. 가나안에 거주하던 셈족 계열의 힉소스인들이 하(下) 이집트를 정복하고 아리바스를 요새 겸 수도로 정하고 15, 16왕조를 이루었다. 본토 이집트인이 아니라 이주민인 셈족의 힉소스인이 파라오가 되어 이집트를 통치했다.

이런 정치적인 상황은 가나안에서 노예로 팔려 온 이방인 요셉이 노예에서 총리로 발탁될 수 있는 배경이 되었고, 요셉의 가족들도 평화롭게 가나안에서 이집트로 이주를 할 수 있었다.

그러나 힉소스 왕조는 그리 오래가지 않았다. 상(上) 이집트의 카모세가 대 힉소스 항쟁을 시작하여 항쟁을 완성하지 못하고 일찍 죽었지만 그의 동생 아흐모세가 결국 힉소스가 다스리는 하이집트의 수도 아리바스를 정복하고 이집트를 다시 통일하여 제18왕조를 여는 데 성공했다.

요셉을 알지 못하는 파라오가 나타나다.

힉소스 왕조가 무너지고 상이집트와 하이집트가 재통일되면서 힉소스인과 같은 셈족이었던 요셉의 가족들은 곤란한 신세가 되었다. 힉소스 왕조가 무너지고 힉소스인들이 이집트에서 쫓겨났지만, 요셉의 가족들은 여전히 고센 지역을 중심으로 살아가고 있었다.

18왕조를 연 이집트인들에게 고센 지역에 살고 있는 히브리인들은 혹시 힉소스인들이 다시 이집트 쳐들어온다면 그들에게 동조할 가능성이 있는 위험한 세력으로 인식되었다. 그러니 당연히 이전과는 달리 감시하고 억압해야 하는 대상이 되었다. 이들의 신분이 한순간에 힉소스 왕조의 후원을 받던 손님에서 이민족 노예로 바뀐 것이다.

이를 성경에서는 요셉을 알지 못하는 새 왕이 일어나 애굽을 다스렸다고 표현한다. (출애굽기 1장 8,9절)

노예의 아들로 태어나 버려지다.

요셉을 알지 못하는 새 왕은 히브리인들을 억압하기 시작했다. 파라오는 히브리인을 노예로 삼고 자신을 위해 새 도시를 건설하는 데 동원하여 고강도의 노동을 시키고, 감독을 세워 감시하고 학대했다.

파라오는 히브리인을 고된 노동으로 괴롭히는 데 그치지 않고 종족을 말살하려는 의도로 명령을 내렸다. 처음에는 히브리 산파들에게 히브리 가정에 아들이 태어나면 죽이라고 명령했지만 하나님을 두려워한 산파들의 비협조로 계획이 뜻대로 되지 않자 다시 구체적이고 특별한 명령을 내린다.

> "갓 태어난 히브리 남자 아이는 모두 강물에 던지고, 여자 아이들만 살려 두어라." (출애굽기 1장 22절, 새번역)

이런 상황에 한 히브리의 여인이 아들을 낳았다. 태어난 아이가 아들이니 왕의 명령을 따르려면 강물에 버려야 했는데 차마 그렇게 하지 못하고 석 달을 숨겨서 키웠다. 그러나 시간이 흐르고 아이가 자라며 더 이상 숨길 수 없게 되자 여인은 갈대 상자에 역청과 송진을 발라 최대한 물이 들어오지 않게 한 후 아이를 담아 나일 강 갈대 사이에 두었다. 그리고 누나를 시켜 아기가 담긴 바구니를 살피게 했다.

노예의 아들, 공주의 아들로 왕궁으로 들어가다.

이때 파라오의 공주가 목욕을 하기 위해 강가에 나왔다가 갈대 사이에서 바구니를 발견했다. 건져서 열어보니 히브리 남자 아기가 있었다. 공주가 바구니를 발견하는 순간 살피고 있던 아기의 누나는 공주에게 다가가 물었다.

"공주님을 위해 히브리 여인 가운데 아기에게 젖을 먹일 수 있는 유모를 데려다 드릴까요?" 공주가 허락하자 누나는 어머니를 데리고 왔고, 공주는 아기를 데려다가 젖을 먹여 키우도록 했다. 죽였어야 할 아이를 살렸을 뿐만 아니라 공주의 삯을 받으며 아들을 키울 수 있게 된 것이다.

아기가 젖을 먹지 않아도 될 만큼 자란 후 공주에게 다시 데려다주었고 공주는 아이에게 '모세'*라는 이름을 지어주고 아들 삼아 왕궁에서 자라게 했다.

* 모세라는 이름은 '낳다'라는 의미의 이집트어에서 온 것이다. 당시 이집트에서는 흔히 사용된 이름이었고, 투트모세, 람세스 등의 이름처럼 신의 이름과 연관되어 사용되기도 했다. 모세와 발음이 가장 가까운 히브리어 단어는 '꺼내다'라는 의미이기도 하다.

정체성 혼란의 시기, 왕궁에서의 40년

히브리인의 아들로 태어난 아기들은 모두 강에 버려져 죽어야 했는데, 모세는 살아남았다. 그것도 죽이라는 명령을 내린 파라오의 왕궁에서 말이다. 모세는 공주의 아들로 왕궁에 살고 있었지만 그는 히브리인이다.

히브리 소년 모세, 이집트 궁에서 성장하다.

모세는 파라오의 공주의 아들로 궁에서 살며 이집트인의

이름으로 불리고 이집트 왕자의 교육을 받았지만 모세의 정체성은 결국 히브리인일 수밖에 없었다.

왕자의 대우를 받으며 왕궁에 살지만 이집트인들과는 다른 외모, 심지어 자신들이 노예로 부리고 있는 히브리인과 같은 외모를 가진 모세가 겪었을 정체성의 혼란을 짐작하는 것은 어렵지 않다.

미국에 살고 있는 동양인을 바나나에 비유하는 이야기를 들은 적이 있다. 겉은 노란색이지만 속은 하얀색을 띠고 있는 것이 마치 동양인의 노란 피부색과 미국의 문화 속에 사는 동양계 미국인의 내면과 같다는 비유다. 썩 유쾌한 표현은 아니다. 비하와 편견을 포함하고 있기 때문이다. 백인이 주류인 세상에서 아시안으로 사는데 백인들에게는 다른 인종으로, 본국에 살고 있는 아시안들에게는 미국인으로 인식되어 어느 쪽에서도 정당한 정체성으로 인정되지 못하는 혼란이 담겨 있다. 이런 환경에서 태어나 자란다면 불편과 이질감을 느끼는 혼란기를 거치게 될 것이다.

모세도 다르지 않아서 청소년기 왕궁의 생활에서 이와 비슷한 혼란을 피할 수 없었다. 이집트 파라오의 왕궁에서 왕자로 불리고, 왕자의 교육을 받고 있지만 그는 분명 이집트인이 아닌 노예 히브리인의 모습이었다. 왕자의 교육을 받으면 받을수록 오히려 노력은 허무해지고 생존의 불안함은 더욱 커졌을 것이다.

모세, 결국 히브리인이었다.

세월이 지나 모세는 40세의 어른이 되었다. 어느 날 왕궁
바깥으로 나가 히브리인들이 살고 있는 곳을 가보게 되었다.
그곳에서 히브리인들은 고된 노동으로 고통을 당하고 있었
다. 어떤 히브리 사람이 이집트 사람에게 매를 맞고 있는 것
을 발견하고 분노한 모세는 주변을 살펴보고 아무도 없는 것
을 확인한 후 이집트 사람을 죽이고 모래 속에 파묻어 버렸
다. 성장한 모세에게 더 큰 영향력을 발휘한 것은 이집트 왕
자의 신분이 아니라 히브리인의 정체성이었다.

이튿날 모세는 다시 어제의 사건이 있었던 곳에 갔는데 이
번에는 히브리 사람 둘이 서로 싸우고 있었다. 모세는 다가
가서 "왜 같은 동족끼리 서로 싸우냐?"며 중재하고자 했다.
그러나 싸우던 사람은 "누가 너를 우리 재판관으로 세웠느
냐? 네가 이집트 사람을 죽이더니 이제 나도 죽이려느냐?"며
떠들었다. 이 일로 전날 모세의 살인이 발각되었고, 이 소식
은 파라오의 귀에까지 들어갔다. 파라오는 모세를 죽이려고
찾았고, 모세는 살기 위해 이집트 왕궁을 탈출해서 미디안
광야로 도망쳤다.

모세의 두 번째 인생, 광야에서의 40년

왕자에서 광야의 목자로

살기 위해 미디안으로 도망친 모세는 첫 번째 40년과는 너무나 다른 두 번째 40년의 인생을 살게 된다.

미디안에서 새로운 삶을 시작했다. 광야에서 우연히 만난 양 치는 여인들이 다른 목자들 때문에 어려움을 겪을 때 도움을 주었는데, 이것이 인연이 되어 결혼하고 가정을 꾸리게 되었다. 결혼한 모세는 미디안의 제사장인 장인의 양떼를 맡아 키우는 목자가 되었다.

왕궁에서 자란 모세에게 미디안 광야에서의 생활이 쉽지는 않았을 것이다. 가정을 이루었지만 온전히 행복하다고 하기에는 만만한 환경이 아니었다. 비록 정체성이 혼란스럽고 불안한 상황이기는 했어도 왕궁의 생활은 화려하고 안락했다. 그러나 이제 모세는 왕궁의 향수 냄새 대신 양들의 분뇨 냄새 속에서 살아야 했다. 모든 사람이 시중을 들던 안락함 대신 가축들의 배설물을 치우고, 광야의 낮 더위와 밤 추위를 견디는 것이 그의 삶이었다. 더욱이 광야에서 다른 목자들의 훼방과 들짐승의 위협으로부터 자신과 양들을 지켜야 하는 치열함과 긴장이 호위병이 보호하는 왕궁에서의 안전함을 대신했다.

이뿐 아니다. 견고한 집을 지어 정착할 수도 없었다. 양들이 먹을 풀과 물이 떨어지면 새로운 곳을 찾아 떠나야 한다. 이동을 한다는 것은 광야의 혹독한 환경에서 살아남기 위한 중요한 행동이다. 왕궁에서 자란 모세에게 광야는 생존하기 어려운 도전이다. 이곳에서 모세는 40년을 버티며 살았다.

과연 이러한 상황에서 모세는 광야에서의 두 번째 인생이 만족스러웠을까? 결혼해서 가정을 이루었으니 단꿈에 젖어 행복하기만 했을까? 혹시 모세는 밤마다 왕궁에서의 과거로 되돌아가는 것을 꿈꾸지는 않았을까?

그러나 모세에게 광야에서의 40년은 왕궁에서의 40년과 함께 이후 민족의 지도자로 사는 40년을 위한 훈련과 준비의 기간이었다.

모세의 세 번째 인생, 민족의 지도자로 40년

하나님께서 모세를 부르시다.

미디안에서 목자의 삶을 산 지 40년이 지났다. 양들에게 먹일 풀을 찾아서 이동하던 모세는 광야 서쪽 호렙산까지 가게 되었다. 호렙산에 도착했을 때 누군가 모세를 불렀다.

"모세야, 모세야!"

소리 나는 곳으로 갔더니 바싹 마른 가시나무에 불이 붙어 있는데, 신기하게도 나무가 타지는 않고 있었다. 그리고 모세를 부르는 소리는 나무에서 들려왔다. 모세는 너무나 놀라서 나무에서 들리는 목소리에 대답했다.

"예, 제가 여기 있습니다."

모세가 대답하자 나무 속에서의 음성은 계속 말을 이어가 모세에게 이렇게 명령하셨다.

"이곳은 거룩한 곳이고, 나는 너의 조상의 하나님, 즉 아브라함의 하나님, 이삭의 하나님, 야곱의 하나님이다. 나는 이집트에 있는 나의 백성이 고통받는 것을 똑똑히 보았고, 또 억압 때문에 괴로워서 부르짖는 소리를 들었다. 나는 그들이 얼마나 괴로운지 안다. 이제 나는 그들을 이집트 사람들의 손에서 구해서 젖과 꿀이 흐르는 좋은 땅으로 데려갈 것이다. 그래서 나는 이제 너를 파라오에게 보내려 하니 가서 나의 백성을 이집트에서 인도해 내도록 하라."

하나님의 부르심에 두려웠던 모세는 갖가지 핑계를 댔다. "제가요? 어떻게요? 저는 이스라엘 사람들에게 하나님이 누구시라고 말해야 하는지도 모릅니다. 사람들은 제가 하나님을 만났다는 걸 믿지도 않을텐데요. 심지어 저는 히브리 말도 유창하지 못합니다. 제발 보낼만한 사람을 보내시는 게 좋겠습니다." 모세는 여러 차례 거절했지만 하나님께서는 모세의 모든 핑계와 망설임에 명확한 답을 주시고, 함께 하겠다 약속하시고, 능력의 상징으로 지팡이를 손에 들려주고, 도울 사람으로 모세의 형인 달변가 아론까지 지명해주셨다. 결국 모세는 40년 전 살인을 저지른 자신을 잡으려는 파라오를 피해 도망쳤던 이집트로 다시 향하게 된다.

파라오 앞에 서다.

민족의 지도자로 부름받은 모세는 이집트의 파라오 앞에 용감하게 섰다. 그리고 이스라엘 백성을 내보내 줄 것을 요구했다. 그러나 결과는 참담했다. 분노한 파라오는 히브리인들에게 더 힘든 노역을 명령했다. 더 힘들어야 쓸데없는 소리를 못할 것이라 생각했기 때문이다. 갑자기 등장한 모세의 요구 때문에 더 힘들어진 히브리인들은 모세에게 분노했다.

그러나 하나님과 함께 하는 모세는 담대했다. 다시 파라오를 찾아가서 자신의 요구를 들어주지 않는다면 여호와께서 벌을 줄 것이라고 경고했다. 그러나 파라오는 모세의 요구를 들어주지 않았다. 모세의 요구와 파라오의 거절은 여러 번 계속 반복되었다. 그때마다 이집트에는 여호와의 재앙이 내려졌다. 그렇게 열 번의 재앙이 이집트를 휩쓸었다.

처음에는 나일강의 강물이 피로 변하더니, 강물에서 개구리들이 올라오고, 이와 파리떼가 창궐하고, 악질과 독종이 유행했다. 하늘에서는 우박이 떨어져 농작물과 열매를 망치고, 메뚜기 떼가 출몰해서 추수할 낱알 하나 남기지 않고 먹어치웠다. 심지어 이집트의 최고 신 태양도 모습을 감추어 낮에도 지척을 구분할 수 없는 어둠에 갇히게 되었다. 이집트에서 더 이상 예전의 살기 좋은 모습을 찾아볼 수 없게 되었다. 그럼에도 불구하고 파라오는 마음을 돌리지 않았고, 결국 마지막 재앙이 이집트에 임했다. 마지막 재앙은 이집트의 모든 사람과 짐승의 첫째 아들의 죽음이었다. 죽음의 날 저녁에 파라오의 아들부터 우리 안에 있는 짐승의 첫 수컷 새끼까지 모두 죽었다.

그러나 하나님의 명령을 따랐던 이스라엘의 아들들은 살아남았고 이날을 기념해서 생긴 절기가 바로 이스라엘이 가장 중요하게 여기는 '유월절'*이다.

* 출애굽 전날 밤 죽음의 사자가 이집트의 장자들을 죽일 때 어린 양의 피를 문설주에 바른 이스라엘의 집은 넘어감으로써 이스라엘 백성은 구원받은 데서 유래된 절기이다. 즉 이스라엘이 이집트에서 해방한 날을 기념하는 절기이다. 유대인은 양을 잡아 피를 집 문설주에 바르고 유월절 식사를 한다. 양의 피는 구원이 되었고 이후 예수님께서는 십자가에서 피흘려 죽으심으로 영원한 유월절의 양이 되셨다.

이렇게 열 번의 재앙이 지난 후에 모세는 히브리인들을 데리고 이집트를 탈출할 수 있었다. 요셉을 따라 손님으로 이주한 때부터 430년이 지난 후에야 비로소 히브리인들은 노예로 몰락해 고통받던 이집트 땅에서의 탈출에 성공한 것이다.

민족의 지도자로 무능한 노예 집단을 이끌고 탈출하다.

430년 동안 이집트에서 살던 노예들이 마침내 이집트를 탈출했다. 탈출 과정에서 그들이 본 이적은 놀랍고 경이로웠을 것이다. 하나님께서 세우신 지도자 모세가 자신들을 이끌고 있으니 얼마나 든든했을까? 탈출하는 자신들에게 보화를 내놓는 사람들까지 있으니 한껏 고무되었을 것이다. 무엇보다도 이제 지긋지긋한 노예의 삶으로부터 해방이다. 얼마나 많은 기대와 설렘이 있었을까?

그러나 곧바로 만난 현실은 배고픔과 추위와 더위였다. 그저 주는 대로 먹고 시키는 일을 하면서 생존했던, 아무것도 할 줄 모르는 대규모 노예 집단이 할 수 있는 것은 불평과 불만을 늘어놓고 지도자들을 원망하는 것 뿐이었다. 그러나 하나님께서 곧 모든 문제를 해결하신다. 낮에는 구름으로 더위를 해결하고, 밤에는 불을 주어 추위를 이기게 하셨다. 매일 아침에는 '만나'라는 가루를 주어서 먹게 하셨다. 그럼에도 불구하고 무능력하면서 노예 근성에 찌들은 사람들의 불평과 불만은 끊어지지 않았다. 틈만 나면 노예로 살던 이집트 땅을 그리워하기까지 했다.

이렇게 불평과 불만에 익숙한 노예 출신들이 이집트를 탈출해서 젖과 꿀이 흐르는 약속의 땅으로 향하는 광야에서의 여정은 40년이나 걸렸다. 모세는 80세에 이집트를 탈출한 히브리인의 지도자가 되어 120세에 세상을 떠날 때까지 그들을 이끌었다. 오합지졸 노예들은 온갖 실수와 잘못을 저지르면서도 모세의 지도력 아래 점점 국가의 틀과 제도를 갖추어갔고, 점차 힘 있는 군대가 되어 약속의 땅 바로 앞까지 이르게 되었다.

모세는 이렇게 이스라엘의 국가 기틀을 마련했고, 민족의 영웅이 되었다.

모세 적용하기

40세가 될 때까지 모세는 이집트의 왕실에서 왕자의 교육을 받았다. 좋은 음식과 좋은 의복을 입고 왕궁의 예절과 리더십을 배우고, 군사교육을 받고, 연설을 배웠을 것이다. 이 모든 것은 왕이 되거나 왕족의 다스림을 위한 것이었다. 그러나 모세는 왕은 고사하고 이방인일 뿐이었다. 그러니 왕을 위한 교육이 모세에게는 얼마나 무의미하고 인생을 허비하는 것 같았을까?

두 번째 인생은 이전과는 정반대의 삶을 살아야 했다. 미디안 광야에서의 삶은 철저히 생존을 위한 것이다. 추위와 더위를 이기고, 물과 쉴 곳을 찾아야 했으며, 그 중 어느 것 하나만 실패해도 생존을 위협받는 열악한 현실을 살아내야 했다. 왕궁에서 편안한 삶을 살던 모세는 생존을 위한 순간순간에 얼마나 두렵고 쓸쓸했을까?

그러나 모세의 왕궁 생활과 미디안 광야의 생활은 모세가 민족의 지도자가 되는 원동력이 되었다. 왕궁에서 받은 교육과 광야에서의 생존법은 히브리인들을 이집트에서 탈출시킨 후 버릴 것이 없었다. 왕궁의 교육은 오합지졸 노예 출신 히브리인들에게 질서와 체계를 잡아줄 수 있는 리더십이 되었고, 미디안 광야에서의 생활은 히브리인들을 광야에서 생존할 수 있게 했다.

미래를 위해 애써 공부하고 훈련하려 하지만 어느 순간 이 모든 노력이 과연 미래에 유용하게 쓰일 수 있는지 의심이 생기고, 그래서 다가올 미래는 더 불안하고, 혹시 헛된 시간을 보내고 있는 건 아닌가 회의가 들어 두려울 때가 있다. 이것 저것 모두 포기하고 싶어진다.

그러나 누가 지금 나의 노력이 무의미하다고 장담할 수 있는가? 시간 낭비라고 확신할 수 있는가? 미래는 알 수 없다. 계획하고 노력하지만 장담할 수 있는 것 없다. 그러나 분명한 것이 있다. 준비되었다면 기회가 왔을 때 활용할 수 있다. 알고 있다면 문제를 만났을 때 해결할 수 있다. 그러나 준비되지 않았다면 절대로 아무 것도 할 수 없다. 살아가다 보면 잠시 스쳐갔던 작은 경험까지도 알뜰하게 쓰여지는 경험을 곳곳에서 만나게 된다. 그러니 지금은 막연해 보일지라도 현재의 수고와 노력에 희망을 가지고 누려야 한다.

그리고 하나님께서 주실 기회와 상황을 기대하자. 믿음을 가지고 충분히 준비하면서 포기하지 말고 기다리자. 모세가 80년을 준비해서 40년간 히브리 민족을 이끌었던 것을 생각하며, 나의 80년을 힘있게 살아내자. 멋지게 활용할 40년을 기다리며.

완벽한 후계자 여호수아와
그 옆의 갈렙

절대적 지도자 모세의 후계자, 여호수아

이집트를 탈출한 이스라엘, 광야로 들어서다.

모세를 따라 이스라엘은 드디어 이집트에서 탈출했다. 열 번의 재앙을 겪어놓고도 미련이 남은 파라오가 마음이 변해서 추적하는 바람에 잠시 어려움을 겪기도 했지만 여호와께서 홍해에서 파라오를 막으셨고, 이스라엘은 완벽하게 이집트 탈출에 성공했다. 이집트에서 탈출한 이스라엘은 아브라함에게 주셨던 약속대로 그들의 나라를 이루고자 약속의 땅을 향했다. 그곳에서 국민, 주권, 영토를 소유한 완벽한 국가를 이룰 것이다.

하나님의 약속을 이루기 위해 가나안을 향하는 무리들은 대부분 히브리인이었으나 일부 소수 민족도 함께했다. 성경을 이들 소수 민족을 '잡족'이라고 표현한다. 이들은 모두 이스라엘의 열두 지파 중 한 곳에 속하도록 편제되었다.

이스라엘은 홍해를 건너 곧바로 광야에 들어섰다. 이스라엘은 하나님께서 아침마다 이슬처럼 내려주시는 만나를 식량으로 삼았다. 광야의 한낮 강렬한 태양과 밤의 추위는 구름 기둥과 불 기둥으로 각각 해결하셨다. 이 모든 것을 하나님께서 분명하게 모세를 통해 제공하셨다.

모세의 위치는 절대적이었다. 모세는 탈출한 모든 사람이 이스라엘의 열두 개의 지파별로 행동할 수 있도록 질서를 부여했다. 이동할 때와 진을 치고 머무를 때 여호와의 성막을 중심으로 각 지파별로 각각 정해진 위치를 지켰다.

십계명을 받기 위해 모세와 함께 산에 오르다.

이집트에서 탈출해 홍해를 건넌 이스라엘은 시내산으로 향했다. 앞서 말한 바와 같이 이스라엘 민족은 독립된 국가를 이루기 위해 국민, 영토, 주권이 필요했다. 이집트에서 탈출한 사람들의 수가 성인 남자만으로도 60만 명이니 국민의 요건을 갖추기에 충분했다.

이제 주권을 상징하는 이스라엘의 법이 필요하다. 모세와 이스라엘이 시내산에 도착했을 때 하나님께서 모세에게 직접 돌에 십계명을 새겨 줄테니 산에 오르라 명령하셨다. 모세는 십계명을 받기 위해 시내산에 오르면서 오직 여호수아만 동행했다. 모세와 여호수아가 산 정상에 머무르는 동안 모든 백성들은 산 아래에서 기다려야 했다. 모세는 사십 일을 산 정상에 머무르며 십계명을 받았다. 그 사십 일 동안 오직 여호수아가 함께 했다.

광야에서 승리를 경험하다.

이집트에서 나와 시내산으로 향하던 이스라엘은 아말렉의 공격을 받았다. 60만이 넘는 대규모 집단의 이동은 주변 민족들에게는 위협이 되기에 충분했을 것이다. 아말렉의 공격에 모세는 여호수아를 지휘관으로 삼아 군대를 내보내 싸우게 했다.

아말렉과의 전쟁에는 재미있는 이야기가 전해진다. 여호수아가 전투를 하는 동안 산꼭대기에서 모세가 손을 높이 들고 있으면 이스라엘이 이기고, 손을 내리면 이스라엘이 밀리는 것이었다. 이것을 본 아론과 훌이 모세를 가운데에 두고 바위에 앉게 한 다음 들어 올린 손을 양쪽에서 잡아주어 손이 내려오지 않게 했다. 그 결과 여호수아는 전쟁에서 승리할 수 있었다. 출애굽 후 첫 번째 전쟁에 모세는 여호수아를 내세웠고 하나님의 도우심으로 승리할 수 있었다.

이스라엘은 가나안에 들어가기 전에 여러 번의 전쟁을 치러야 했다. 아랏 왕이 자신들 근처로 이스라엘이 이동한다는 소식을 듣고 선제공격했으나 오히려 이스라엘에게 멸망 당했다. 이후 이스라엘을 공격한 아모리 왕 시혼과 바산 왕 옥을 물리치고 그들의 땅을 점령했다. (민수기 21장)

이 모든 전쟁을 통해 여호수아는 승리하는 법을 경험할 수 있었다.

여호수아와 갈렙만이 낙관적 의견을 내다.

국가를 이룰 만한 인구와 주권을 상징하는 법이 준비했으니 영토가 필요하다. 영토는 이미 정해져 있다. 믿음의 조상 아브라함의 때부터 약속하신 젖과 꿀이 흐르는 땅 가나안이다. 이집트를 탈출할 때부터 최종 목적지는 약속의 땅 가나안이었다.

최종 목적지 가나안의 남쪽 경계 가데스 바네아에 도착했을 때 모세는 열두 지파에서 각각 젊은 지도자 한 명씩을 뽑았다. 뽑힌 열두 명에게 가나안을 정탐하게 했다. 열두 명의 정탐꾼은 40일 동안 가나안을 정탐한 후 돌아와 모세와 이스라엘 사람들에게 결과를 보고했다. 그런데 정탐꾼들의 의견이 둘로 갈렸다. 여호수아와 갈렙, 두 명은 낙관적인 보고를 했으나 나머지 열 명의 정탐꾼은 비관적이었다.

여호수아와 갈렙은 "빨리 올라가서 그곳을 정복합시다. 우리가 반드시 그 땅을 점령할 수 있습니다."라고 보고했다.

그러나 나머지 열 명의 보고는 달랐다.

"가나안 땅은 비옥하고 좋은 땅이지만 우리를 모두 삼킬 것입니다. 그곳에 사는 사람들은 모두 거인 같고 용사들입니다. 그들에 비하면 우리는 메뚜기 같습니다."

보고를 들은 모든 백성들은 두려움에 빠져 하나님과 모세를 향해 분노를 표출했다.

"우리가 이집트에서 살다가 죽었거나 광야에서 그냥 죽었으면 좋았을 텐데, 왜 이곳에서 가나안 사람들의 칼에 죽어야 합니까? 우리가 다시 이집트로 돌아가는 것이 좋겠습니다. 새로 지도자를 뽑아서 이집트로 돌아갑시다."

여호수아와 갈렙은 최선을 다해 백성들을 설득하고자 했다. 그러나 이미 부정적 의견에 동조된 사람들은 오히려 그들을 돌로 쳐서 죽이려 했다.

이 모습을 본 하나님께서는 분노하셨고 모세에게 이렇게 말씀하셨다. "이들이 나를 무시하는구나. 이제 내가 이들을 모두 없애고 모세 너를 통해 다시 크고 강한 나라를 이루겠다."

이 말을 들은 모세는 하나님께 이스라엘을 대신해 용서를 간청했다. "만약 하나님께서 이 백성들을 모두 죽인다면, 세상은 여호와의 능력이 그의 백성들을 가나안으로 데리고 가기에 부족해서 죽였다고 할 겁니다. 그러니 백성들을 용서해 주십시오."

모세의 간절한 요구를 들은 하나님께서 마음을 바꾸셨다. 그리고 이렇게 말씀하셨다.

"내가 모세의 요구대로 용서하겠다. 그러나 광야에서 나를 겪었고, 이집트에서 내가 행한 것도 봤는데도 여전히 나를 믿지 못하는구나. 이제 성인들은 모두 약속의 땅에 들어가지 못할 것이다. 오직 미성년자와 광야에서 태어난 새로운 세대만이 약속의 땅에 들어갈 수 있다. 그러나 여호수아와 갈렙은 온전히 나를 따랐으니 그들을 데리고 약속의 땅에 들어갈 것이다. 이제부터 너희는 정탐했던 날 하루를 일 년으로 쳐서 40년 동안 광야를 떠돌며 죽을 날을 기다리라." (민수기 14장 20-25절 요약)

이후 이스라엘은 광야에서 40년을 떠돌아다니게 되었다. 하나님의 말씀처럼 이집트에서 탈출했던 성인들은 모두 광야에서 죽었지만 여호수아와 갈렙은 생존했다. (민수기 26장 65절)

모세의 후계자로 세움 받다.

모세가 자신의 후계자를 요구할 때 여호와께서 여호수아를 선택하셨다.

"여호수아를 모든 백성이 보는 가운데서 후계자로 임명하라. 너의 모든 권위를 물려주고 이스라엘의 모든 백성들이 그에게 복종하도록 하라. 여호수아는 항상 여호와의 뜻에 따

라 백성들에게 명령하면 그들이 그대로 행할 것이다." (민수기 27장 12-23절 요약)

여호수아는 에브라임* 지파 출신이다. 에브라임은 매우 유력한 지파였다. 유력한 지파 출신 여호수아는 모세의 부관으로 시작해서, 가데스 바네아 사건에서 하나님께 인정받았고, 모세의 지휘 아래 여러 번의 전쟁을 수행하며 훈련받은, 모든 면에 준비된 차세대 지도자였다. 모세가 생전에 후계자로 세워 권위를 물려주었다. 하나님과 모든 백성의 인정을 받아 완벽하게 권력을 위임받은 이스라엘의 지도자가 되었다.

> * 에브라임은 이집트 총리 요셉의 둘째 아들이다. 할아버지 야곱은 요셉의 두 아들 므낫세와 에브라임을 아들로 여겨 각각 독립된 지파를 형성했다. 더욱이 에브라임은 형인 므낫세를 제치고 장자의 축복을 받았다. 훗날 이스라엘 왕국 분열시 북이스라엘 10지파의 중심 세력을 형성하여 북이스라엘의 대명사가 되었다.

비주류의 한계를 넘어 주류가 된 갈렙

그나스 사람 갈렙, 꿈을 놓치 않다.

여호수아가 모세의 옆에서 후계자 준비를 하고 있을 때 같은 공간 같은 시대에 갈렙이 있었다. 갈렙은 가데스 바네아에서 가나안 땅에 대해 긍정적인 의견을 제시한 또 한 사람이었다. 그는 그나스 사람이었다.

여호수아는 모든 것이 완벽하게 준비되어 있었다. 출신, 주변 환경, 상황까지 모든 것이 완벽했다. 그는 정통의 혈통을 타고나 제대로 훈련된 완벽한 후계자였다. 그러나 갈렙은 유대인이 아닌 비주류였다.

> "그나스 사람 여분네의 아들 갈렙과 눈의 아들 여호수아는 여호와를 온전히 따랐느니라." (민수기 32장 12절)

여호수아는 정통 유대인으로 에브라임 지파 출신이지만 갈렙은 그나스 사람이다. 그나스 사람은 유대인의 정통성을 이은 야곱의 계보가 아니라 에서의 계보인 에돔의 후예이다. 갈렙의 가족은 유대인이 이집트를 탈출할 때 함께 했고, 이후 열두 지파 중 유다 지파에 편제되었다.

갈렙의 한계는 정통 유대인이 아니라는 것이다. 그러나 그나스 사람 갈렙은 유다 지파 소속으로 40세에 가나안 정탐에 참여했다. 그리고 여호수아와 함께 여호와의 약속을 신뢰하며 가나안 정복을 주장했다. 그 결과 여호수아와 함께 가나안에 들어갈 수 있게 되었다. 가나안 땅을 정탐하고 악평한 것 때문에 출애굽 당시 성인이었던 모든 사람은 가나안으로 들어가지 못하고 광야에서 모두 죽었다. 오직 여호수아와 갈렙 만이 들어갔다.

갈렙은 비록 비주류 출신이지만 가나안에 대한 소망은 누구보다 강했고, 여호와의 약속에 대한 믿음은 분명했다. 그 믿음에 근거해서 누구보다도 간절하게 약속의 땅 가나안을 꿈꿨다. 그리고 광야를 떠도는 40년의 세월 동안 그 꿈을 놓치 않았다.

비주류 외국인이 헤브론*의 주인이 되다.

광야를 떠돌던 이스라엘은 마침내 지도자 여호수아를 필두로 약속의 땅 가나안을 정복하기 시작했다. 정복 전쟁 초기에는 온 이스라엘이 함께 전쟁을 수행했지만, 이후 지파별로 지역을 분배받아 정복하게 되었다.

> * 헤브론은 가나안으로 이주한 아브라함의 초기 거처이며, 이삭과 야곱의 주요 거처로 하나님께서 약속하신 가나안의 상징적인 장소다. 사울 왕의 뒤를 이어 왕이 된 유다 지파의 다윗은 이곳에서 7년 반 동안 통치했다.

그러나 지파들은 땅을 분배받고도 전쟁을 꺼리고 머뭇거리며 초기에 정복한 땅에 머물러 있었다. 이때 갈렙은 지도자 여호수아에게 요청했다.

"하나님께서 광야에서 살아남게 하셨고 이제 85세가 되었습니다. 그러나 모세가 나를 정탐 보낼 때와 같이 여전히 강건해서 전쟁하는 데 불편함이 없습니다. 그러니 여호와께서 말씀하신 이 산지를 지금 내게 허락해주십시오. 그곳에는 아낙 사람들이 있고 성읍은 크고 견고합니다. 그러나 주님께서 나와 함께 하시기 때문에 내가 그들을 쫓아낼 수 있습니다."
(여호수아 14장)

여호수아의 허락을 받은 갈렙은 헤브론을 정복했다. 마침내 하나님께서 약속하시고 분배받은 땅을 온전히 차지했다. 그리고 그 지역은 전쟁이 끝나 평화가 깃들었다.

▌여호수아와 갈렙 적용하기

꿈을 잃으면 모든 것을 잃어버리는 것이다.

가데스 바네아의 사건 이후 눈에 보이는 상황에 매몰되어 두려워 악평하며 하나님의 약속을 믿지 못했던 대부분의 이스라엘 사람들은 목적지가 없어졌다. 약속의 땅 가나안에는 들어갈 수 없게 되었고, 광야에서 방황하며 죽을 날을 기다리는 존재가 되었다. 이집트에서 탈출한 후 초기 광야 생활의 어려움은 약속의 땅에 대한 소망으로 견딜 수 있었을 텐데 이제는 아무 꿈도 없다. 그저 40년간 광야를 돌며 죽을 날을 기다리는 처지가 되었다. 매일 아침 해가 뜰 때 의미 없는 하루가 시작되고, 저녁 해가 질 때 그들은 죽음이 하루 가까웠음을 느꼈다. 얼마나 무의미하고 허무한 삶의 모습인가?

그러나 여호수아와 갈렙은 이들과 같은 시간, 같은 공간을 살았지만 전혀 다른 삶을 살았다. 여전히 하나님께서 보이신 약속의 땅, 가나안에 대한 꿈이 있었기 때문이다. 그들에게 아침 해가 뜨는 것은 약속의 땅을 향해가는 새로운 하루가 시작된 것이고, 해가 지는 저녁은 약속된 꿈에 하루만큼 다가간 것이다.

대부분의 이스라엘 사람들의 삶과 두 젊은이의 삶은 같은 시간 같은 공간에 존재하지만 그 의미와 태도는 완전하게 다른 것이다.

꿈을 잃으면 다 잃어버리는 것이다. 꿈 (비전 vision) 이 없다는 것은 하루하루 사는 것이 아니라 매일 무의미하게 죽음에 한 발짝씩 다가가는 것일 뿐이다.

숟가락 계급론에 숨어 핑계하지 말라.

우리는 모두 스스로 선택하지 않은 환경에서 삶을 시작한다. 누군가는 여호수아와 같이 완벽한 환경에서 시작하지만, 누군가는 갈렙처럼 불리한 조건과 환경에서 시작한다. 이런 상황을 빗댄 표현이 '숟가락 계급론'이라는 말이다. 태어날 때 누군가는 금수저를 물고 태어나고, 누군가는 흙수저를 물고 태어난다는 것이다. 그러나 이것이 인생의 모든 것을 결정하는 절대적 요소라고 말할 수는 없다. 숟가락 계급론이 우리의 모든 인생을 좌지우지 하지는 못한다는 말이다. 금수저 출신이라고 모두 성공하는 것이 아니고, 흙수저 출신이라고 다 실패하는 것이 아니다. 금수저도 누군가는 실패하고, 흑수저 역시 성공적인 삶을 사는 사람이 있다.

성공적인 삶을 산 여호수아와 갈렙은 각기 다른 출신 배경에 상관 없이 둘 다 여호와를 온전히 따랐다. (민수기 32장 12절) 이 말은 하나님께서 주신 꿈을 의심하지 않고 따랐다는 의미이다. 이것이 그들의 공통점이다. 꿈을 비전으로 해석한다면 완벽한 상황의 여호수아는 비전을 놓치지 않았다. 그리고 여호수아와는 달리 주류 출신이 아닌 갈렙도 역시 비전을 놓치지 않았다. 여호수아와 갈렙은 출발한 상황이나 출신 등의 배경과 관계없이 각자의 삶을 통해 40년간 흔들림 없이 약속의 땅 가나안 즉 하나님께서 주신 꿈에 가까워졌고, 결국 성취한 것이다.

중요한 것은 환경이 아니라 꿈에 대한 믿음이다.

조금씩 부족했던 영웅들, 사사

사람들이 사는 세상은 획기적으로 달라지지 않는 것 같다. 산업화 덕분에 인간이 절대 빈곤에서 벗어나면서 함께 잘살게 되기를 기대했지만, 그 결과 빈부의 격차는 심해지고, 환경도 망가져 개인 삶의 질의 격차는 오히려 더 많이 벌어지게 되었다. 정보통신의 발달로 세계화가 이루어졌다고 하지만 그 결과 국가 간의 경제적 격차는 물론 기술력과 정보의 격차도 심해진 것이 사실이다. 어쩌면 그 격차는 더 심화되고, 뛰어넘을 수 없는 벽이 된다.

개인의 생활도 다르지 않다. 세상은 점점 발전하고 이론적으로는 평등한 기회를 갖고 있는 것 같아 보이지만 여전히 우리는 기울어진 운동장, 유리 천장 (Glass Ceiling), 인종갈등 같은 씁쓸한 문제와 함께 살고 있다.

이런 상황에서 살아야 하는 우리가 과연 희망을 가질 수는 있을까? 혹시 '이번 생은 망했다'는 자조가 나를 지배하고 있지는 않은가?

사사기에 소개되는 인물들을 통해 본다면 하나님은 이러

한 일반 상식적인 상황을 무시하는 것 같다. 희망이 없는 사람들을 세워서 하나님의 일을 이루신다. 절망에서 희망으로 바꿀 수 있는 이야기가 있다.

암흑 같은 사이클, 사사 시대

이스라엘은 여호수아와 함께 가나안을 정복한 이후 통일된 국가 조직을 갖추기 전 일종의 과도기를 지나게 된다. 이 시기를 '사사* 시대'라고 한다.

* 히브리어 소페팀(שֹׁפְטִים)은 '지도자들' '재판관들'이란 뜻. 헬라어에서는 크리타이(κριται)로 번역되었는데 이를 중국어 역본은 고대 주나라에서 형벌을 관장하던 관리를 일컫는 '사사'(士師)로 번역했다. 이를 따라 한글 성경에도 '사사'로 번역되었다

사사 시대는 이스라엘 역사에서 암흑기라 할 만큼 어둡고 고통스러운 시기였다.

가나안 정복의 지도자였던 여호수아가 죽고, 출애굽 세대의 사람들이 다 죽고 난 후 다음 세대는 하나님을 버리고 빠르게 가나안의 문화에 젖어 죄에 빠졌다.

뿐만 아니라 하나님께서 약속하신 땅에 사는 이방인들을 다 쫓아내지도 않았다. 당연히 하나님의 법이 그 사회에 적용될 리 없었다. 때문에 각자의 생각대로 선택하고 행동하는 무법 천지 같았다.

"그 때에는 이스라엘에 왕이 없었으므로, 사람들은 저마다 자기의 뜻에 맞는 대로 하였다." (사사기 21장 25절, 새번역)

이스라엘은 가나안 원주민과의 혼인으로 타락한 생활 습성을 여과 없이 받아들였다. 특히 바알 등 우상숭배는 큰 문제였다. 가나안의 종교와 문화에 빠진 이스라엘은 자신들의 하나님 여호와를 멀리하게 되었다.

"이스라엘 자손은 그 여러 민족의 딸을 데려다가 자기들의 아내로 삼았고, 또 자기들의 딸을 그들의 아들에게 주었으며, 그들의 신들을 섬겼다." (사사기 3장 6절, 새번역)

하나님께서 이스라엘의 범죄를 징계하는 수단으로 이민족의 군대를 동원하셨다. 이민족의 군대에 고통받는 이스라엘은 다시 하나님을 찾으며 회개한다. 회개한 이스라엘을 위해 사사를 선택해서 구원하신다. 그러나 이후 다시 가나안의 종교와 문화에 함몰된 이스라엘은 다시 과거 타락한 모습으로 빠르게 되돌아간다.

이러한 타락, 경고, 징계, 이민족을 동원한 심판, 회개, 사사를 통한 구원, 시간이 흐른 후 다시 타락이라는 일련의 암흑과 같은 사이클(cycle)이 약 340년간 반복되었다.

조금씩 부족한 의외의 영웅들

사사는 여호수아의 사후부터 이스라엘의 초대 왕 사울의 등장 때까지 하나님에 의해 세워진 이스라엘의 군사, 정치 지도자를 일컫는다. 본래 사사는 소송과 분쟁을 해결하는 재판관의 성격이 강했으나 점차 그 영향력이 정치나 군사 등으로 확대되었고, 특별히 이스라엘을 위기에서 구하는 구원자로서의 성격이 강했다.

지도자일뿐만 아니라 구원자로의 성격을 가진 사사로 하나님은 과연 어떤 사람들을 선택하셨을까?

모범생, 옷니엘

첫 번째로 소개되는 사사는 옷니엘이다. 옷니엘에 대해서 성경은 갈렙의 동생 그나스의 아들이며, 갈렙의 딸 악사와 결혼했다는 정보만 준다. (여호수아 15장 17절, 사사기 1장 13절, 사사기 2장 9절).

당시 이스라엘의 범죄 중 대표적인 것이 가나안 사람과의 혼인이었다. 혼인으로 가나안과 가족이 된다는 것은 가나안의 종교와 문화에서 빠져나올 수 없을 만큼 깊이 빠지는 원인이 되었다. 아마도 당시 가나안 사람과의 혼인은 자연스러움을 넘어서 대세이고 유행으로 자리 잡았을 것이다. 불순종이 대세 유행하는 문화에 옷니엘은 거리를 두고 있었던 것이다. 어느 시대이건 선악의 구분을 떠나 사회의 보편적인 흐름을 거스른다는 것은 쉬운 일이 아니다. 이것만으로도 옷니엘은 세태를 거슬러 하나님의 법 안에 산 모범생이었음을 짐작할 수 있다.

당시 이스라엘은 8년 동안 메소포타미아 왕 구산 리사다임의 괴롭힘 아래 있었다. 모범생 리더 옷니엘은 구산 리사다임을 몰아냈고, 이스라엘은 옷니엘이 죽을 때까지 40년간 평화를 누릴 수 있었다.

성경은 아주 간략하게 옷니엘의 승리를 표현한다. 대세와 상관 없이 하나님의 법에 모범생이었던 옷니엘을 하나님께서 택하시고 함께 하셔서 영웅과 지도자가 되게 하셨다는 게 전부이다.

"여호와의 신이 옷니엘에게 임하셔서, 그는 이스라엘의 사사가 되어 전쟁터에 나갔습니다. 여호와께서는 옷니엘을 도와주셔서 북서쪽 메소포타미아 왕 구산 리

사다임을 물리치게 하셨습니다." (사사기 3장 10절, 쉬
운성경)

실패한 특수요원, 에훗

세월이 흐르고 다시 타락한 이스라엘이 모압 왕 에글론에
게 18년간 고통 당할 때 하나님께서 선택하신 지도자가 에훗
이다.

모범생 옷니엘 후에 선택 된 에훗은 의외의 인물이다. 에
훗은 '왼손잡이'이다. 정확하게는 '오른손에 제약이 있는 왼
손잡이'이다. 히브리어에 '왼손잡이'이라는 단어가 있음에도
굳이 '오른손에 제약이 있는 왼손잡이'이라는 단어를 써서
구체적으로 선명하게 소개하는 이유는 무엇일까?

당시 전쟁에서 왼손잡이는 특별한 이점이 있었다. 투수와
타자 중 오른손잡이가 많은 야구에서 왼손 투수가 유리한 것
처럼, 전쟁에서 왼손잡이는 적을 상대하는 데 여러모로 유리
했다. 이러한 이점을 살리기 위해 선별된 사람들을 훈련시켜
후천적으로 왼손잡이 특수요원으로 양성했다. (전성민, 사사기를 어떻
게 읽을 것인가, 서울; 성서유니온, 2015, pp.58-61)

에훗이 바로 이렇게 선별되어 정예요원으로 훈련된 사람
이었다. 그러나 에훗의 현실은 본래의 계획과는 딴판이었다.

에훗은 그저 오랫동안 이스라엘을 괴롭히던 모압 왕 에글론에게 조공할 물건을 배달하는 굴욕적인 일을 하고 있었다.

아마도 에훗은 이 일을 오랫동안 담당했던 것 같다. 에훗이 독대를 원하자 에글론이 신하들을 모두 내보내고 허락한 것을 보면 오랜 세월에 걸쳐 신뢰와 친분이 쌓였던 것으로 짐작된다.

에글론과 단 둘이 있게 된 에훗은 준비한 칼로 에글론을 죽이고, 왕궁을 탈출한다. 이후 왕이 죽은 모압의 군대를 물리치고 이스라엘은 80년간 평화를 유지할 수 있었다.

꿈을 꾸고 열심히 준비했지만, 기대와 달리 원하지 않는 일을 하면서 의기소침한 이들에게는 왼손잡이 에훗이 위로가 되기를 바란다. 특수요원이 되기 위해 오랜 시간 훈련과 노력을 했지만 그의 현실은 영웅적인 특수임무가 아니라 조공을 전달하는 치욕적인 일이었다. 그러나 에훗은 주어진 임무에 충실해서 모압 왕과 대면할 수 있는 관계를 만들었고, 훈련받은 기술로 모압 왕을 죽이며 사사의 역할을 완수했다.

젊은 날의 노력과 경험은 언제 어떻게 쓰일지 알 수 없다. 때로는 쓸모 없는 일에 인생을 낭비하는 건 아닌가 싶어 불안할 때도 있다. 또 기대와 다른 곳에서 전혀 상관없는 일을 하고 있을 수도 있다. 그러나 중요한 기회를 만났을 때 준비되고 훈련된 사람만이 준비된 노력의 결과를 활용해 결과를 얻을 수 있다.

여자, 드보라

에훗이 죽은 후 이스라엘은 다시 타락했고, 가나안 왕 야빈이 당시 최첨단 무기인 철기로 무장한 마차 900대로 쳐들어와 이스라엘을 20년간 심하게 학대했다.

하나님이 새로 선택한 사사는 드보라다. 드보라는 여자다. 남성 중심의 사회였던 고대 이스라엘에서 여성 지도자는 매우 독특하다. 그러나 성경 어디에서도 여자 사사 드보라의 지도력에 결함은 보이지 않는다.

드보라는 이스라엘의 장군 바락에게 야빈의 장군 시스라를 맞아 싸우라고 명령한다. 싸우면 반드시 이길 것이라고 한다. 그러나 바락은 과도하게 드보라에게 의지하며 드보라가 함께 전쟁에 나간다면 싸우겠다며 조건을 단다. 그 결과 바락은 전쟁에서는 이기지만 도망친 적장 시스라를 놓쳐서 영광은 거두지 못한다. 도망친 시스라는 오히려 과감하고 용기 있는 여인 야엘에게 죽임을 당했고 이후 이스라엘은 가나안 왕 야빈을 물리쳤다.

남성 중심의 고대 이스라엘을 가나안으로부터 구원한 영

웅으로 하나님께서 선택한 사람은 남자가 아니라 여자들, 드보라와 야엘이었다.

21세기에도 여전히 유리 천장 즉 보이지 않는 한계가 존재한다. 피부, 성별, 종교 등의 문제로 성장과 성공에서 보이지 않는 한계를 만나게 된다고 한다. 때로는 여자들의 진출에 위기를 느끼는 남성들과의 젠더 갈등이 사회의 문제가 되기도 한다.

당시의 상황은 요즘과는 비교할 수 없이 더 열악했다. 여성에게 인권을 이야기할 수 없는 세대였다. 이런 시기에 여자 사사 드보라를 세우신 것이다.

극강 'I' *, 기드온

여호와 보시기에 또다시 타락의 길을 걷는 이스라엘은 7년 동안 미디안

> * 마이어스(Myers)와 브릭스(Briggs)가 융(Jung)의 심리 유형론을 토대로 고안한 자기보고식 성격 유형 검사 도구인 MBTI에서 에너지의 방향을 외향과 내향을 구분해서 외향을 E로 내향을 I로 표시한다.

에게 괴롭힘을 당했다. 당시 얼마나 심하게 미디안에게 억눌렸는지, 이스라엘 사람들은 산에 있는 동굴로 피신해서 살았을 정도였다. 이스라엘이 씨를 심어 농사를 지으려 할 때면, 미디안 사람들이 메뚜기 떼처럼 쳐들어와서 낙타와 가축 떼를 사방에 풀어놓는 바람에 온 땅이 황폐해졌다.

그러자 이스라엘 사람들은 다시 하나님께 구원을 요청했고, 이때 하나님께서 선택한 사람이 기드온이었다. 하나님의 천사가 기드온을 찾아왔다. 당시 기드온은 미디안 사람들에게 들키지 않으려고, 포도주 틀에서 몰래 밀이삭을 타작하고 있었다.

천사는 기드온에게 이스라엘을 미디안의 손에서 구하라고 명령했다. 그러나 기드온은 이렇게 대답한다. "하지만 주여, 제가 어떻게 이스라엘을 구할 수 있겠습니까? 저는 힘없는 므낫세 지파 소속이고, 므낫세 중에서도 가장 약한 집안이고, 집안에서도 가장 어립니다." 기드온이 얼마나 소심한 사람인지 알 수 있다.

그러나 하나님의 천사는 기드온을 '큰 용사'라 부르며 "내가 반드시 너와 함께 있을 것이고 네가 미디안 사람을 마치 한 사람 쳐부수듯 쳐부술 것이다"라고 약속했다. 이후에도 여러 번의 핑계와 거절, 심지어 진짜 주님이라는 증거를 보이라며 꽁무니를 뺀다. 기드온은 절대로 큰 용사의 기질을 가지고 있지 못하다. 그러나 하나님의 선택 (하나님이 주신 비전) 은 기드온을 큰 용사로 만든다.

그날 저녁 하나님께서 기드온에게 "소를 끌고 가서, 네 아버지의 바알 제단을 헐고, 아세라 목상을 찍어 버리고, 산성 꼭대기에 하나님의 제단을 쌓고 소를 잡아 아세라 목상을 부순 목재로 불을 지펴서 번제를 드리라"고 말씀하셨다. 그러나 소심한 기드온은 하나님의 말씀을 따라 우상제단을 파괴하는 당연한 일을 하는데도 사람들의 이목이 무서워서 낮에 하지 못하고 밤에 몰래 실행했다.

아침이 되어 바알의 제단이 무너지고 아세라 목상이 파괴된 것에 분노한 사람들은 기드온을 범인으로 지목하고 죽이겠다며 집으로 쳐들어왔다. 그러나 기드온의 아버지는 사람들에게 이렇게 소리쳤다. "당신들이 정말 바알의 편에서 싸우겠다는 것인가? 바알이 정말 신이라면 자기 제단을 헌 사람과 직접 싸우도록 놓아두는 것이 옳지 않은가!" 아버지의 보호로 목숨을 건진 기드온은 '여룹바알'이라는 별명을 얻었다. 여룹바알은 '바알의 제단을 헐었으니 바알이 직접 그와 싸울 것'이라는 뜻이다.

그때 미디안 사람들이 아말렉 사람들과 사막의 부족들을 모두 모아서 요단강을 건너 이스라엘에 쳐들어와 진을 쳤다. 소심했던 기드온이었지만 여호와의 영이 함께 하시니 나팔을 불며 자신의 지파 사람들을 모으고, 전령을 보내 다른 지파의 사람들까지 불렀다. 기드온의 요구에 사람들이 모였고, 기드온은 하나님께 다시 확인한다. 성격은 쉽게 변하지 않아서 확인하고 또 확인하기를 거듭한다.

"정말 하나님께서는 나를 통해서 이스라엘을 구하시겠습

니까? 내가 양털 한 뭉치를 타작마당에 놓을 테니 이슬이 양털 뭉치에만 내리고 주변의 땅은 모두 말라 있게 하신다면 믿겠습니다." 그리고 정말로 그렇게 되었다. 그러나 소심한 기드온은 다시 한번 확인하고자 한다. "주님, 화내지 마시고 들어보십시오. 양털 뭉치로 다시 한번 시험해보겠습니다. 이번에는 양털 뭉치만 마르고 사방의 다른 땅에는 이슬이 내리게 해주십시오." 그날 밤 하나님께서 그렇게 하셨다. 그제서야 기드온은 전쟁에 나섰다.

미디안의 괴롭힘이 얼마나 심했는지 기드온을 따라 싸우겠다고 나선 사람들이 3만 2천 명이나 되었다. 그러나 하나님께서는 군사가 너무 많다고 하시며, 두려워하는 사람들을 먼저 돌려보내고, 이후 물가에서 물을 마실 때 손으로 물을 움켜 마신 300명만을 데리고 전쟁을 치르게 하셨다. 기드온은 미디안을 상대로 대승을 거둬 평화를 되찾게 된다.

소심하고 내향적인 성품의 기드온이 여호와의 영이 함께하면서 백성을 살리는 영웅의 모습으로 바뀌게 된다. 소심한 기드온과 영웅 기드온의 차이점은 무엇일까? 여호와의 영이 기드온과 함께할 때 소심함을 이기는 모습을 본다. 여호와의 영이 함께 한다는 것은 성경에서는 하나님의 특별한 능력을 받았다는 의미이다.

그러나 일반적인 의미로 해석한다면 특별한 능력은 초인적인 어떤 힘이 아니라 비전과 그 비전에 대한 확신이라고 할 수 있다. 강력한 비전이 생기면 소심함을 이기고 그것을 위해 힘을 낼 수 있게 된다. 그렇다. 하나님께서 주신 비전이 우리의 삶을 변화시키고 한계를 넘을 수 있게 발전시키고 바꾼다.

기생 아들 출신 건달 두목, 입다

입다는 기생의 아들이다. 입다의 아버지 길르앗에게는 본처의 아들들도 있었는데 이들은 기생의 아들과 유산을 나눌 수 없다며 입다를 쫓아냈다. 쫓겨난 입다는 돕으로 피신해 그곳에서 건달들을 모아 두목이 되었다.

얼마 뒤 암몬이 이스라엘을 쳐들어왔다. 길르앗의 장로들은 건달들의 두목 입다에게 자신들의 지휘관이 되어 암몬과 싸워줄 것을 부탁했다. 그러나 입다는 "나를 쫓아내더니 이제는 어려우니 나를 찾아왔느냐"며 핀잔을 줬다. 장로들은 입다가 암몬을 이긴다면 모든 길르앗 사람의 통치자가 될 것이라고 약속한다. 결국 기생의 아들로 길르앗에서 쫓겨났던 입다는 구원자가 되어 고향으로 돌아가게 되었다.

암몬을 물리친 입다는 그후 6년 동안 이스라엘의 사사로 있었다. 하나님께서 이스라엘의 지도자를 세우시는 데 출신의 한계는 중요한 요소가 아니다.

타고난 재능을 낭비한 삼손

성경은 앞서 살폈던 사사들 - 뭔가 약점이 있는 - 과는 결이 다른 사사를 한 명 소개한다. 삼손이다. 마치 그리스 신화에 나오는 헤라클레스처럼 괴력을 소유한 영웅이지만 그의 최후는 비참했다.

삼손은 출생 단계부터 남달라 영웅의 냄새가 난다.

소라 땅에 아기를 낳지 못하는 부부가 살고 있었다. 어느 날 여호와의 사자가 나타나서 부부에게 이렇게 말했다.

"아들을 낳게 될 것이니, 아들에게 포도주와 독주는 마시지 못하게 하고 부정한 것도 먹지 못하게 하라. 그리고 머리는 깎지 말아야 한다.* 아들은 하나님께 바쳐진 아이고 블레셋의 손에서 이스라엘을 구원할 것이다."

* 나실인의 규례이다. 나실인이란 구별된 자라는 뜻으로 특별한 헌신을 위해 구별하여 하나님께 드려진 사람이다. 평생 나실인으로는 사사 삼손과 선지자 사무엘, 세례 요한 등이 있다. 한시적으로 시간을 정하고 스스로 나실인이 되기도 한다. 나실인은 포도주와 독주를 금하고, 시체를 가까이할 수 없고, 머리를 깎을 수 없다.

태어나기 전에 이미 나실인으로 구별된 아이였다. 이후 부부는 아들을 낳았고 이름을 삼손이라고 지었다. 삼손은 태어날 때부터 예사롭지 않고, 선천적인 괴력을 소유했다. 이렇게 그는 특별히 구별되었고 하나님께서 주신 탁월한 재능을 가지고 있었지만 스스로 나실인의 규례를 모두 무시하며 멋대로 살았다.

제일 먼저 소개되었던 사사 옷니엘과 대조적으로 삼손은 블레셋 여인과 결혼을 원하면서 사건이 시작된다. 이 일을 두고 부모를 거스르고, 블레셋 사람들과 내기를 걸고 다투고 그들의 곡식밭을 태우고 많은 사람을 죽이기까지 했다.

사건은 꼬리에 꼬리를 물어 나실인의 규례를 모두 무시한다. 이방 여인과 독주를 즐기고, 사자의 시체에서 꿀을 찍어 먹고, 결국에는 이방 여인의 유혹에 머리를 밀려 하나님께서 주신 힘을 잃어버린다.

삼손은 블레셋과 싸우기 위해 선택된 특별한 존재였지만 스스로 무너져 실패했다. 그 결과는 처참했다. 블레셋 사람들에게 눈이 뽑히고, 끌려가서 구리 사슬에 묶여 감옥에서 맷돌을 돌리는 신세가 되었다.

시간이 흘러 삼손의 밀린 머리는 다시 자라기 시작했다. 그러던 중 블레셋 사람들은 자신들의 신 다곤에게 큰 제사를 드리기 위해 신전에 모였다. 그리고 자신들을 괴롭혔던 삼손을 불러 재주를 부리게 하자고 했다. 불려 나온 삼손은 자기를 끌고 나온 소년에게 건물의 기둥에 기댈 수 있게 해달라고 부탁했다.

당시 신전에는 블레셋의 모든 통치자들이 모여있었고, 사람들이 얼마나 많았는지 옥상에도 삼천 명이나 되는 사람들이 모여서 삼손의 재주를 보고 싶어 했다.

삼손은 마지막으로 여호와께 간구했다. "하나님, 이번 한 번만 힘을 주십시오. 나의 눈을 뽑은 블레셋 사람들에게 단번에 원수를 갚게 하여 주십시오." 기도를 끝낸 삼손은 기둥을 밀어냈고, 신전은 무너졌다. 신전이 무너지며 삼손과 블레셋의 모든 통치자와 백성들이 돌에 깔려 죽었다. 성경은 "삼손이 죽으면서 죽인 사람이, 그가 살았을 때에 죽인 사람보다도 더 많았다"고 기록한다. (사사기 16장 30절, 새번역)

삼손은 아주 특별한 재능과 소명을 타고난 사람이다. 그러나 그는 재능을 올바르게 사용하지 못하고 불법과 쾌락을 위해 사용하면서 스스로 무너졌다. 타고난 재능과 환경이 결국 모든 것을 결정하지는 못한다는 것을 삼손이 보여준다.

좋은 재능과 환경을 타고나는 것보다는 가지고 있는 재능과 환경을 어떻게 잘 활용할 것인가가 더욱 중요하다. 아무리 귀한 재능을 타고났다해도 쾌락과 불법에 사용된다면 그 재능은 축복이 아니라 저주다.

사사들 적용하기

사사는 위기의 시대에 하나님께서 선택하신 영웅들이어었지만 이들의 특징을 살펴보면 일반적인 영웅의 성격과는 거리가 있다는 것을 알게 된다. 그저 그런, 혹은 평범에 미치지 못하는 다소 부족한 모습이 많다. 우리의 상식이나 기대와는 거리가 있다.

흠잡을 것 없는 모범생으로 성공한 옷니엘이 있지만, 열심히 준비했음에도 꿈에서 멀리 떨어져 살았던 왼손잡이 에훗이 있다. 남성 중심의 고대 이스라엘에서 드보라는 여자 사사였다. 기드온은 외향적이고 리더십이 강해야 하는 영웅의 특징과는 거리가 있는 소심한 인간이었다. 심지어 기생 아들로 태어난 건달 두목 입다도 있다. 반면 출생부터 영웅적인 서사를 가지고 태어난 삼손이 있다.

사사들에게는 현대를 사는 우리에게도 여전히 영향을 끼치는 다양한 한계와 모순이 있다. 그렇다면 이들의 모습에서 우리가 가진 고민의 답도 찾을 수 있을 것이다.

영웅의 면모를 갖추고 태어나지 못했을 뿐 아니라 다양하고 치명적인 약점도 많았던 그들이 위기의 이스라엘을 구하는 지도자로 세워진 데에는 공통된 출발이 있다. 하나님의 부르심이다. 그들은 하나님이 주신 기회를 만났고 각자의 처지에서 준비된 결과물을 가지고 역할을 감당했다. 하나님의 선택에는 우리가 생각하는 거창한 조건이나 덕목이 필요했던 것이 아니다. 오히려 다소 부족하고 보편적이지 않았다. 그러니 우리도 사사들에게 충분히 위로받고 도전받을 만하지 않은가?

> "사람은 외모를 보거니와 나 여호와는 중심을 보느니라." (사무엘상 16장 7절)

아무도 기대하지 않았던 소년, 다윗

시대마다 유능하다고 인정받는 특징들이 다르다. 때로는 신체적 강인함이, 어떤 시대에는 지식이나 배경이 능력의 기준이 되기도 한다. 그래서 시대마다 젊은이들이 소망하는 이상적인 모습도 다양하다. 산업화 이후 오랫동안 많은 젊은이들은 명문대학을 졸업해서 대기업에 입사하는 것을 소망했다. 학벌과 인맥이 능력의 기준이 되었다. IMF 이후 무기력하게 강제 퇴직 당하지 않기 위해 자격증으로 대변되는 전문적 기술에 관심을 갖더니, IT 시대를 지나면서 개성과 창의적인 재능을 요구하는 것 같다.

개성과 창의적 재능을 위해 필요한 덕목으로 '꿈, 꾀, 꼴, 끼, 깡, 끈, 꾼'*이라고 표현되는 요소들을 강조하기도 했다.

그러나 이런 능력은 사회적 관계와 역할 속에서 주목받는 것이어서

* 유명 방송국 PD 출신인 주철환은 방송국에서 만났던 사람들과 에피소드 등을 소개하며 '꿈·꾀·꼴·끼·깡·끈·꾼'을 말한다. 꿈은 비전과 목표를, 꾀는 지혜와 판단력, 꼴은 생김과 됨됨이, 끼는 개성과 열정, 깡은 배짱과 추진력, 끈은 네트워크와 인맥, 꾼은 전문성을 의미한다. (주철환, 시간을 디자인하라 / 서울; 사람in, 2000)

주변 사람들의 기대와 관심이 없다면 이것들을 계발하고 유지하기는 쉽지 않다. 상상해보라. 나의 재능에 아무도 관심이 없다. 내가 어떤 꿈을 꾸는지 아무도 모른다. 사람들은 내게 어떤 기대도 하지 않는다. 이런 상황에서 과연 무엇을 할 수 있을까? 시대적 변화와 그에 따른 재능이라는 것이 무슨 의미가 있을까?

다윗은 기대 받는 아들이 아니었고, 주목받지 못하며 사람들이 하찮게 여기는 목동의 일을 했다. 그러나 그는 자신의 자리에서 성실했고 마침내 하나님께서 그를 주목하셨고 이스라엘의 두 번째 왕이 되었다.

베들레헴에서 새 왕 찾기

사무엘이 새 왕에게 기름 부으러 베들레헴으로 가다.

이스라엘의 첫 번째 왕 사울은 겸손한 시작과는 달리 빠르게 권력의 맛에 익숙해져서 하나님을 떠나 교만하게 행했다. 그에게 기름을 부어 왕으로 세운 사무엘에게는 근심과 괴로움이 아닐 수 없다.

그러나 하나님께서는 선지자 사무엘에게 사울 때문에 더 이상 괴로워하지 말고 병에 기름을 채워 베들레헴으로 가서 이새의 아들들을 초청하고 그들 중 한 명에게 기름을 부으라고 명령하셨다. 당시 기름을 붓는 것은 하나님의 선택과 임명을 의미하는 것으로 기름을 부어 세우는 직책은 왕, 선지자, 제사장뿐이었다.

사울 왕이 아직 건재한데 다른 사람에게 기름을 붓는다는 것은 위험한 일이 아닐 수 없다. 왕에 대한 반역이라고 볼 수 있다. 그래서 사무엘은 몰래 베들레헴으로 향했다.

사무엘이 베들레헴에 도착하자 그곳 장로들이 긴장했다. 그도 그럴 것이 사무엘이 누구인가? 이스라엘의 제사장과 선지자를 겸하고 현재 왕 사울에게 기름 부어서 세운 실력자가 아닌가? 사무엘의 방문에 놀란 장로들은 혹시라도 베들레헴에 좋지 않은 일이 있을까 염려하며 사무엘에게 물었다. "좋은 일로 이곳을 방문하신 겁니까?" 사무엘은 "그럼요. 좋은 일로 왔습니다. 여호와께 희생 제사를 드릴 테니 당신들도 함께 합시다. 그리고 이새와 그의 아들들도 초청할 테니 정결하게 준비해서 참여하라고 하십시오."라고 답했다.

아무도 기대하지 않는 소년, 다윗

사무엘의 초청에 이새와 아들들이 제사에 참석했다. 들어오는 아들들을 본 사무엘은 정말 하나님께서 왕다운 청년을 준비하셨다고 믿었다. 이새의 아들들의 외모가 너무나 훌륭해 보였기 때문이다.

이새의 첫 번째 아들을 보고 사무엘은 기름을 부으려고 했다. 그러나 하나님께서 "그의 외모와 큰 키를 보지 말라. 내가 그를 선택하지 않았다"라며 말리셨다. 사무엘은 이새에게 첫째 아들을 하나님께서 선택하지 않으셨다며 다음 아들을 소개하라고 했다. 다음 아들도 매우 훌륭해 보였으나 하나님께서 거절하셨다. 사무엘은 이새에게 "하나님께서 그도 선택하지 않으셨습니다."라고 말했다.

사무엘이 이새의 아들 일곱을 모두 만났지만 하나님께서는 아무도 선택하지 않으셨다. 사무엘이 이새에게 아들이 또 없는지 물었다. 이새는 막내가 있는데, 밖에서 양들을 돌보고 있다고 답했다. 이새의 대답에는 아버지조차 대수롭게 여기지 않는 하찮음이 담겨있다.

사무엘은 이새에게 그가 오기 전에는 제사를 진행하지 않고 기다릴 테니 데리고 오기를 요청했다. 뒤늦게 얼굴이 붉고 눈은 빛나고 잘생긴 소년이 도착했다. 그가 들어오자 곧바로 사무엘에게 하나님께서 "바로 저 소년이다. 준비한 기름을 그에게 부으라"고 명령하셨다. 사무엘은 모두가 보는 곳에서 다윗에게 기름을 붓고 급히 라마로 돌아갔다.

이새에게 막내 다윗은 큰 기대를 걸지 않은 아들이었음이 분명하다. 당시의 유력한 선지자인 사무엘이 자신들이 사는 베들레헴까지 와서 초청하는 데 데려가지 않을 정도의 존재감뿐이었다. 그런데 이새에게 더 놀라운 것은 사무엘이 아들 중 누군가를 선택해 기름을 부으려고 했다는 사실이다. 앞서 말했듯 기름을 부어 세우는 직책은 왕과 제사장과 선지자뿐이다. 선지자는 하나님께서 직접 불러 세우시고, 제사장은 레위 지파라야 가능하다. 이새와 그의 아들들은 유다 지파다. 그렇다면 남은 것은 단 하나, 왕을 세우는 것뿐이다. 사무엘이 사울 왕의 눈을 피해 차기 왕을 선택하기 위해서 왔다는 것을 알 수 있었다.

자신이 데리고 온 아들들을 하나하나 본 사무엘은 지금 이들 중에는 하나님께서 선택한 사람이 없다고 말한다. 이럴 때 보통의 아버지라면 다급하게 부탁할 것이다. "저희 집에 막내가 있습니다. 지금 밖에 있는데 잠깐 기다려주시면 바로 데리고 오겠습니다." 그러나 이새는 그렇게 하지 않았다. 여기 있는 아들들이 전부냐는 사무엘의 채근을 받고서야 비로소 밖에서 양을 돌보고 있는 막내가 있다고 말한다. 이새는 막내 아들 다윗을 대단히 여기지 않았던 것 같다.

다윗은 장수다운 외모가 아니었다.

당시 왕의 주된 임무는 전쟁 (선지자는 신탁을 전하고, 제사장은 제사를 집례했다.)을 수행하는 것이었으므로 중요한 덕목은 강건한 신체와 탁월한 외모였다. 당시 왕의 조건은 첫 번째 왕으로 선택된 사울을 성경이 어떻게 소개하는지 살피면 알 수 있다.

> "그에게는 사울이라고 하는 아들이 있었는데, 잘생긴 젊은이였다. 이스라엘 사람들 가운데 그보다 더 잘생긴 사람이 없었고, 키도 보통 사람들보다 어깨 위만큼은 더 컸다." (사무엘상 9장 2절, 새번역)

당시 왕의 역할은 주로 전쟁에 나가 싸워 주변 족속으로부터 부족을 보호하는 일이었으니 행정가나 학자 풍의 이미지보다는 기골이 장대하고 늠름한 싸움에 능한 장수여야 했다. 키가 크고 사람들이 보기에 호감형인 외모가 필요했다.

이새는 늠름하고 준수한 아들들을 보며 왕의 조건을 갖추었다고 여겼고, 그들을 사무엘에게 선보이며 자신만만했을 것이다. 그러나 다윗의 외모는 장군의 이미지와는 거리가 멀었다.

> "그의 빛이 붉고 눈이 빼어나고 얼굴이 아름답더라"
> (사무엘상 16장 12절)

성경은 다윗을 아름다운 눈을 가진 홍안의 소년으로 얼굴이 아름답다고 묘사한다. 아름답다는 히브리어 토브 (טוב) 는 '선량하다, 상냥하다'의 의미를 가지고 있다. 선량함과 상냥함은 전쟁터를 누벼야 하는 장군의 이미지보다는 흔히 생각하는 미소년의 이미지에 가깝다. 그러니 이새는 자연스럽게 다윗이 왕이 될 가능성은 없다고 판단했을 것이다.

다윗의 직업은 목동이었다.

당시 양을 치는 목동은 천한 직업으로 분류되었다. 본래 이스라엘 사람들은 아브라함부터 유목민이었지만, 가나안에 정착한 후에 농사를 짓기 시작했다. 농사를 지으면 더 이상 떠돌아다니지 않아도 되고, 들짐승의 위협에 노출된 채 들에서 지내지 않아도 되고, 무엇보다도 안식일을 잘 지킬 수 있기 때문이다.

같은 이유로 양을 치는 일은 사람들이 좋아하지 않았다. 정착하지 못하고 양떼를 먹일 풀과 물을 찾아 떠돌아다니며 항상 위험에 노출되고 안식일도 지킬 수 없었고 심지어 가난했다.

양을 치는 일이 천한 직업인 것은 예수님 탄생 때도 마찬가지였다. 복음서 중 소외된 자들을 위해 오신 구세주로서의 예수를 강조한 누가복음에서는 천사들이 아기 예수의 탄생을 밤에 양을 돌보던 목자들에게 제일 먼저 알려주었다고 기록하였다. 예수께서 가장 천하고 소외된 사람들을 위해 오셨다는 의미가 있다.

아버지 이새는 막내 다윗에게 당시 사람들이 꺼리는 양 치는 일을 시켰다. 애초에 큰 기대가 없었다고 볼 수 있다.

음악과 시를 좋아하는 소년

다윗은 수금 (하프와 비슷하게 생긴 현악기로 노래와 춤을 반주할 때는 채를 사용하고, 독주할 때는 손가락으로 뜯어서 연주했다.) 을 잘 다루는 소년이었다. 다윗이 골리앗과 싸우기 이전 아직 그의 이름이 사람들에게 알려지기 이전에 있었던 일이다. 사울 왕이 정신적인 어려움으로 치료가 필요했다. 신하들은 수금을 잘 타는 사람을 구해 음악으로 치료할 것을 건의했다. 이때 수금 연주 잘하는 사람으로 뽑힌 소년이 다윗이었다. 사울 왕은 고통을 겪을 때마다 다윗의 수금 연주로 큰 효과를 봤다. 다윗의 수금 연주 실력이 상당했던 것을 알 수 있다.

다윗은 시를 쓰는 것도 좋아했다. 성경에 시를 모아놓은 시편의 절반 가량 (표제가 있는 시편 가운데 73개가 다윗 왕을 작가로 언급하고 있다.) 을 다윗이 지은 것으로 보고 있다.

음악과 시를 좋아하는 예술적 기질은 강인함이나 용감함과는 잘 연결되지 않는다. 시인과 음악가가 전쟁을 수행해야 하는 왕이 될 것이라고 생각하기는 쉽지 않다. 홀로 들에서 수금을 연주하며 시를 쓰는 목동 다윗에게 이새는 무엇을 기대했을까? 막내 아들에 대한 애정의 문제를 떠나서 왕의 재질이라고 생각하기는 어렵지 않았을까?

그러나 하나님의 선택은 다윗이었다. 하나님께서는 사무엘을 통해 다윗에게 기름 붓게 하셔서 왕으로 세우셨고, 그는 이스라엘 역사상 가장 위대한 왕이 되었다.

> "하나님께서는 사울을 물리치시고서, 다윗을 그들의 왕으로 세우시고, 증언하여 말씀하시기를 '내가 이새의 아들 다윗을 찾아냈으니, 그는 내 마음에 드는 사람이다. 그가 내 뜻을 다 행할 것이다' 하셨습니다." (사도행전 13장 22절, 새번역)

왕의 중심을 갖춘 다윗

다윗은 이스라엘 역사상 가장 위대한 왕으로 인정받고 있지만 성경에 소개된 것을 보면 위대함과는 거리가 먼 의외의 모습도 많았다. 영웅적이고 대단했지만 반면 치명적인 실수와 약점도 갖고 있었다. 그의 약점과 실수에도 불구하고 그를 가장 위대한 왕으로 인정받는 이유는 무엇인가?

다윗의 형들을 선택하고자 하는 사무엘에게 하나님께서

하신 말씀에서 답을 찾을 수 있다.

> "너는 그의 준수한 겉모습과 큰 키만을 보아서는 안 된다. 그는 내가 세운 사람이 아니다. 나는 사람이 판단하는 것처럼 그렇게 판단하지는 않는다. 사람은 겉모습만을 따라 판단하지만, 나 주는 중심을 본다." (사무엘상 16장 7절, 새번역)

사람들의 눈에 다윗은 음악과 시를 좋아하고 성격이 상냥한 목동일 뿐이지만, 하나님께서 보신 그의 중심에는 악한 것에 분노하는 용기가 있었고, 실수를 빨리 인정하고 되돌릴 지혜가 있었다.

다윗은 악에 대해 정의로운 분노를 가진 소년이다.

당시 이스라엘의 주적은 블레셋 (Philistines)*이었다. 둘 사이에는 자주 전쟁이 일어났다.

> * 해양 민족 블레셋, 본래 가나안의 토착 민족이 아니라 에게해나 크레타섬에서 미케네 문명을 건설한 그리스계 이주 세력으로 현재 이스라엘과 분쟁 중인 아랍계 팔레스타인과는 다른 민족이다.

블레셋이 거인 장수 골리앗을 앞세워 쳐들어왔을 때의 일이다. 블레셋과 이스라엘이 각각 골짜기를 사이에 두고 진을 친 후 싸움을 위해 전열을 갖추었다. 키가 3미터나 되는 블레셋 장수 골리앗이 나와서 이스라엘을 자극하며 싸움을 걸어왔다.

"내 앞에 나와서 싸울 사람이 있는가? 그가 나를 죽이면 우리가 모두 너희의 종이 되겠다. 그러나 내가 이기면 너희가 우리의 종이 되어 우리를 섬겨야 한다."

그러나 이스라엘에서는 놀라서 떨고만 있을 뿐 아무도 나가서 골리앗과 맞서 싸우려고 하지 않았다. 떨고 있는 이스라엘을 보면서 골리앗은 계속해서 이스라엘과 이스라엘의 하나님을 모욕했다.

이때 다윗이 아버지의 심부름으로 참전한 형들을 찾아 전쟁터에 가게 되었다. 다윗은 골리앗이 이스라엘을 모욕하는 소리를 듣고 분노했다.

결국 다윗은 왕에게 자신이 나가서 싸우겠노라 말했다. 사울은 다윗에게 "골리앗은 평생 군대에서 뼈가 굵은 장군인데 너는 아직 어린 소년이 아니냐?"며 말렸다.

그러나 다윗은 참지 않았다. "제가 아버지의 양을 지킬 때 사자나 곰이 양을 공격해서 물고 가면 따라가서 쳐 죽였고 양들을 살렸습니다. 제가 사자도 죽이고 곰도 죽였으니 골리앗도 그 꼴로 만들 것입니다. 살아 계시는 하나님의 군대를 모욕하는 자를 어떻게 그냥 둡니까? 사자와 곰에게서 나를 지키신 하나님께서 골리앗의 손에서도 반드시 지켜주실 것입니다."라며 자신이 싸움에 나가기를 구했다.

어렵게 허락을 받은 다윗은 양을 지키며 사용하던 물매*와 돌 다섯 개를 가지고 골리앗에게 가서 소리쳤다.

* 두 개의 가죽 끝으로 만든 무기. 돌을 넣고 돌려서 목표물을 맞출 수 있었고, 먼 거리에서의 공격에 유리했다.

"너는 칼을 차고 창을 메고 투창을 들고 나에게 왔지만, 나는 네가 모욕하는 이스라엘 군대의 하나님 곧 여호와의 이름으로 너에게 나왔다."고 소리치며 물매로 돌을 던져 골리앗의 이마에 명중시켰다. 돌에 맞은 골리앗은 그 자리에서 죽었고, 사기가 올라간 이스라엘은 블레셋에게 대승을 거두었다.

다윗은 선량하고 상냥한 성품이었지만 불의에 분노하는 용기를 가지고 있었다. 다윗이 악에 대해 분노하는 정의로움은 하나님께서 다윗을 선택하실 때 보신 그 '중심'이었다.

옳은 길을 가는 용기를 가지다.

골리앗을 죽인 다윗은 이스라엘 사람들의 영웅이 되었다. 다윗의 인기는 하늘을 찔렀고, 백성들은 노래를 부르면서 다윗을 칭송했다. "사울이 죽인 자는 천천이요, 다윗이 죽인 자는 만만이다."

사울의 인기는 점점 시들해졌고, 다윗의 인기가 많아지자 사울 왕은 다윗을 시기하기 시작했다. 결국 미움이 커진 사울 왕은 다윗을 죽이려고 마음먹었다. 사울 왕은 군대를 동원해서 다윗을 쫓기 시작했고 다윗은 사울 왕을 피해 국경 외곽의 광야에서 도망 다니는 도망자 신세가 되었다.

사울 왕에게 쫓기며 도망 다니는 동안 다윗에게는 사울 왕을 죽일 수 있는 기회가 두 번이나 있었다. 첫 번째 기회는 엔게디 동굴에서다. 다윗을 추격하던 사울 왕이 용변을 보기 위해 엔게디 동굴에 홀로 들어갔다. 그런데 동굴 깊숙한 곳에는 다윗과 그의 부하들이 숨어있었다. 홀로 용변을 보고 있는 사울 왕을 동굴 속에서 죽이는 것은 어려운 일이 아니었으나 다윗은 그렇게 하지 않았다.

두 번째 기회는 십 광야에서 있었다. 다윗을 추격하던 군대와 사울 왕이 그곳에서 야영을 하게 되었다. 멀리서 추격자들을 살피던 다윗과 그의 부하들은 잠들어 있는 군대로 잠입했고, 아무런 저항 없이 잠들어 있는 사울 왕에게까지 다다랐다. 이때 다윗을 따르는 부하들이 사울을 죽일 수 있도록 하나님이 기회를 주신 것이라고 설득했지만, 다윗은 이를 단호히 거절했다. 그저 사울의 물건을 가지고 나와 경고를 줄 뿐이었다.

그리고 다윗은 사울 왕을 죽이려 하지 않은 이유를 분명하게 밝힌다.

"이제는 주님께서, 나와 임금님 사이에서 재판관이 되

시고, 나의 억울한 것을 주님께서 직접 풀어 주시기 바라겠습니다. 나의 손으로는 직접 임금님께 해를 끼치지 않겠습니다." (사무엘상 24장 12절, 새번역)

"그를 죽여서는 안 된다. 그 어느 누구든지, 주님께서 기름부어 세우신 자를 죽였다가는 벌을 면하지 못한다. 주님께서 확실히 살아 계심을 두고 말하지만, 주님께서 사울을 치시든지, 죽을 날이 되어서 죽든지, 또는 전쟁에 나갔다가 죽든지 할 것이다. 주님께서 기름부어 세우신 이를 내가 쳐서 죽이는 일은, 주님께서 금하시는 일이다." (사무엘상 26장 9-11절, 새번역)

다윗은 자신의 이익이나 정적을 제거할 기회보다 하나님의 공의를 믿고 옳은 것을 선택하는 용기를 가졌다. 하나님께서 금하신 일에 대해 어떤 핑계도 대지 않았다. 하나님께서 선택하신 두 번째 다윗의 중심은 위험을 감수하고 옳은 것을 선택하는 용기였다.

실수하더라도 빠르게 되돌려 회개하는 지혜를 가지다.

왕이 된 후 다윗이 다스리는 이스라엘은 매우 강력해졌다. 전쟁이 시작되는 봄이면 왕은 전쟁터를 누벼야 했지만, 수하에 용맹한 장군들이 넘치는 다윗은 더 이상 직접 전쟁에 나갈 필요가 없었다. 장군들과 신하들이 모두 전쟁터에 나가서 싸우고 있을 때 다윗은 편안하게 왕궁에 있었다.

어느 날 왕궁을 산책하던 다윗은 한 여인이 목욕하고 있는 것을 보았다. 그녀는 매우 아름다웠다. 다윗은 신하를 보내 그 여인이 누구인지 알아보게 했다. 신하는 그녀는 왕의 장수 우리야의 아내 밧세바라고 보고했다. 보고를 들은 다윗은 사람을 보내서 여인을 왕궁으로 불러들여 동침했다. 그런데 이 일로 밧세바가 임신을 했다.

임신 사실을 알게 된 다윗은 자신의 추악한 죄를 덮기 위해 꾀를 냈다. 전쟁터에 나간 우리야를 궁으로 불러들여 전쟁의 상황을 물은 후 "집에서 쉬라"고 명령하고 돌려보낸 것이다. 그러나 우리야는 군인들이 모두 전쟁터 장막에서 머물고 있는데 어떻게 집에서 아내와 편안히 잠자리를 할 수 있겠느냐며 왕궁 문 밖에서 잔 후 다음 날 싸움터로 복귀했다.

당황한 다윗은 군대 총사령관에게 우리야를 싸움이 가장 치열한 곳에 배치하고 홀로 남겨두어서 전사하게 하라고 명령했다.

결국 우리야는 무리한 작전을 수행하다 전사했다. 그리고 장례를 마친 밧세바를 왕궁으로 들여와 아내로 삼았다.

이런 다윗의 악행에 대해 하나님께서는 예언자 나단을 보내 책망하셨다. 나단은 다윗에게 죄지은 부자의 이야기를 들려주었다. "어떤 성에 양과 소가 아주 많은 부자가 있었습니다. 어느 날 부자에게 나그네가 찾아왔습니다. 부자는 나그네에게 음식을 대접하고 싶지만 자신의 양과 소를 잡기는 싫었습니다. 그래서 같은 성에 어린 암양 한 마리를 마치 딸처럼 아끼며 키우는 가난한 사람의 양을 뺏어서 나그네를 대접했습니다."

이야기를 들은 다윗은 그 부자는 반드시 죽어야 한다면서 크게 분노했다. 그러자 나단은 그 부자가 왕이라며 책망했다. 예언자 나단의 책망을 들은 다윗은 그 자리에서 잘못을 인정하고 회개했다. 심지어 나단은 당시에 주목받는 대단한 선지자가 아니라 그저 시골 출신의 알려지지 않은 선지자였다. 다윗에게 하나님의 책망은 전하는 사람의 배경이나 권세와 관계 없었고, 순종하고 따라야 할 말씀으로 여겨 곧 회개하고 돌이켰던 것이다.

사람은 누구나 실수를 한다. 실수를 하지 않을 수 있다면 좋겠지만 쉬운 일이 아니다. 중요한 것은 실수 이후의 태도다. 실수 이후에 어떤 사람은 회개하고 되돌리지만 어떤 이들은 끝까지 핑계를 대고, 혹은 적반하장으로 스스로 옳다 변명하거나 그냥 두루뭉술하게 넘어가려 한다. 최악의 경우 자신의 권력으로 눌러 무마하려 한다. 그러나 다윗은 절대권력자였음에도 달랐다.

하나님께서 다윗에게 본 중심 중 하나는 실수를 빠르게 인정하고 회개하고 되돌리는 지혜로운 믿음이었다.

다윗 적용하기

홀로 빈 들에서 수금을 켜며 양을 돌보던 소년 다윗은 어떤 생각을 하고 있었을까? 또 어떻게 시간을 보내고 있었을까? 현재 자신이 하고 있는 일은 하찮고, 주변에 어떤 사람도 나에게 관심도 갖지 않고, 기대도 하지 않는 상황에서 그는 과연 무엇을 할 수 있었을까?

그는 양을 돌보면서 열심히 물매를 돌려서 목표물을 맞히는 연습을 했을 것이다. 위험한 짐승들이 가까이 다가오기 전에 먼 곳에서 쫓을 수 있다면 훨씬 안전하게 양을 돌볼 수 있었기 때문이다. 아무도 봐주지 않는 곳에서 의미 없는 듯 느껴지는 노력의 결과 다윗은 골리앗에게 이겼고, 아무도 모르던 소년은 모든 사람이 좋아하는 영웅이 되었다.

부하 장수의 아내를 빼앗았던 다윗의 죄는 결코 작지 않다. 완전범죄를 꿈꾸며 우리야를 전쟁터에서 전사하게 했지만 하나님께서 알고 계셨고 선지자 나단을 통해 지적하셨다.

왕은 자신의 범죄를 부정하거나 핑계를 댈 수 있었다. 그러나 다윗은 자신의 잘못을 빠르게 인정하고 회개했다. 이것은 결코 쉬운 일이 아니다. 그동안 쌓아올린 자신의 명성과 권위에 큰 흠이 될 수 있기 때문이다. 다윗의 이런 용기는 이 사건 하나에 국한된 것이 아니라, 이후에도 실수하고 실패할 때 자신의 잘못에 대해 솔직했고, 빠르게 되돌렸다.

다윗은 별로 관심 받지 못하고, 기대할 것이 없어 보이는 상황에서도 자신이 할 수 있는 최선을 다했던 소년이었다. 그리고 그 노력은 기회를 만났을 때 적확(的確)하게 사용되었다. 그 결과 골리앗을 이긴 소년 다윗은 이스라엘 역사에서 가장 위대한 왕이 되었다.

왕의 자리에서 저지른 실수를 부정할 수 있었지만 부정하지 않았고, 무마할 수 있었으나 빠르게 인정했다. 그리고 진심으로 회개했다.

사람들은 외모를 보지만 하나님께서는 중심을 본다고 하셨다. 사람들의 기준으로 내린 평가에 매몰되지 않아야 하는 이유가 여기에 있다. 나의 진정한 가치는 타인이 만들어주는 것이 아니다. 그 출발은 내 안에 있고, 현재 나의 자리에서 내게 주어진 것에 충실하고 최선을 다할 때 준비되고 채워진다. 그리고 하나님께서는 사람들이 보는 겉모습이 아니라 준비되고 채워진 수고를 적절한 때에 적절하게 사용하게 하시고 그것을 통해 꿈에 다가가게 하신다.

　사람들은 눈에 보이는 모습으로 평가하고, 자신들의 기준으로 판단한다. 그래서 다윗에게 기대할 수 있는 어떤 점도 찾지 못하고 그의 가능성도 발견하지 못했지만, 하나님께서는 그의 정의로움과 용기 있는 중심을 보셨다.

믿음과 비전을 지킨
망국의 소년들, 다니엘과 세 친구

신(新) 앗시리아 제국을 멸망시키고 세상의 새로운 강자로
우뚝 선 바빌로니아의 네부카드네자르 2세 (Nebkadnessar II 느부갓네
살) 는 메소포타미아 지역의 통합에 만족하지 않고 유다와 이
집트까지 그 세력을 넓히고자 했다.

BC 589년, 네부카드네자르는 유다의 수도 예루살렘을 포
위했다. 포위는 3년 5개월간 계속되었고, 결국 예루살렘은
함락되어 비극적으로 몰락하고 말았다. 여호와께서 특별히
선택하신 민족과 나라라는 선민사상을 굳게 믿었던 유다는
망했고, 여호와의 성전이 있던 도시 예루살렘은 폐허가 되었
다. 국토는 점령당했고 성과 성전은 불태워졌다.

정복자 네부카드네자르는 매우 잔인했다. 도망치는 유다
의 마지막 왕 시드기야를 붙잡아 그가 보는 앞에서 두 아들
을 참수하고, 왕의 두 눈을 뽑고 쇠사슬을 채워 바빌론으로
끌고 갔다. 왕뿐 아니라 대부분의 국민들이 전쟁포로가 되어
바빌로니아의 수도 바빌론으로 끌려갔다.

멸망한 나라의 백성으로 포로가 되어 정복자의 나라로 끌려간 사람들은 어떻게 해야 할까? 무엇을 할 수 있을까? '희망'이라는 것을 기대할 수 있을까? 그저 생존과 죽음 사이에서 치열하게 살아남기 위한 노력을 해야 할 것이다. 그 외 어떤 것도 그저 사치일 것이다.

▌전쟁 포로 소년들의 생존기

바빌로니아는 제국을 다스리는 방법으로 피정복국의 바빌로니아화(化)를 추구했다. 정복 당한 나라의 문화를 인정하지 않고, 철저하게 바빌로니아로 정체성을 바꾸게 하려는 정책이었다.

그 정책 중 하나로 정복한 나라의 왕족과 귀족의 자손 가운데 건강하고 지혜로운 소년들을 뽑아 3년 동안 왕궁에서 보급되는 음식을 먹이고 언어와 문화를 교육한 후, 왕의 테스트를 통과한 우수한 소년들을 관리로 발탁했다.

바빌로니아의 언어와 문화를 배우고 바빌로니아의 관직에 오른다는 것은 출신 국가의 정체성을 잃어버릴 가능성이 높은 안타까운 일이지만 포로로 끌려온 소년들에게는 생존과 성공을 모두 이룰 수 있는 최고의 기회가 아닐 수 없다.

이렇게 뽑힌 포로 중에 유다에서 잡혀 온 다니엘, 하나냐, 미사엘, 아사랴라는 소년들이 있었다.

이름을 빼앗기다.

소년들은 생존과 성공의 기회를 얻었지만 이름을 빼앗겼다. 소년들의 의지와 상관없이 이름이 바뀌었다. 다니엘은 벨드사살, 하나냐는 사드락, 미사엘은 메삭, 그리고 아사랴는 아벳느고로 바빌로니아 식 이름으로 바뀌었다.

이름이 바뀐다는 것은 정체성이 바뀌는 것과 다르지 않다. 이름은 자신의 삶의 목표와 정체성을 포함한다. 유다의 이름은 그들의 신 여호와에 대한 믿음과 충성의 의미를 품고 있다. 다니엘은 '여호와는 나의 심판자입니다', 하나냐는 '여호와는 은혜로우십니다', 미사엘은 '여호와 같은 분이 없습니다', 아사랴는 '여호와께서 도우셨다'라는 의미이다.

그러나 바뀐 이름은 바빌로니아의 신들을 섬기는 이름이었다. 다니엘의 새 이름 벨드사살은 '벨 (수메르의 주신으로 마르둑이라고도 한다.) 은 우리를 지킵니다', 하나냐의 새 이름 사드락은 '아쿠 (달의 신) 의 명령입니다', 미사엘의 새 이름 메삭은 '아쿠에 대적할 자가 없습니다', 그리고 아사랴의 새 이름 아벳느고는 '나는 느보 (벨의 아들 신으로 과학과 학문을 관장하는 신) 의 종입니다'라는 뜻이다.

포로들을 어떻게 부를 것인가 하는 것은 전적으로 정복자들이 정하는 것이다. 소년들에게는 이름에 대한 어떤 선택권도 없었다.

생존을 위한 기회에서 살아남아야 한다.

이름을 빼앗긴 소년들은 왕의 교육을 받게 되었다. 이 과정을 잘 마치고 테스트에 통과한다면 더 이상 포로가 아니라 정복국의 관리로 살 수 있는 기회를 얻는 것이다.

제국의 관리를 키우기 위한 엘리트 교육이니 사관학교처럼 잘 짜여진 규칙을 따라야 하는 고된 과정이겠지만 교육을 받는 동안 왕이 지정한 음식을 공급 받는 등 최고의 대접을 받는다.

망국의 포로 출신 소년들은 이제부터 살아남기 위해 최선을 다해야 한다. 열심히 바빌로니아의 언어와 문화를 익혀야 한다. 그리고 반드시 왕과 관리들의 눈에 들어야 한다.

절대적으로 복종해야 하고, 정해진 규칙을 따라야 함은 물론이다. 만약에 중도 탈락한다면 다시 포로 신세가 되어 미래는 물론 생명까지 장담할 수 없는 상황으로 돌아가게 된다. 살아남기 위해서는 어느 것 하나 거스르지 않고, 반드시 좋은 성적을 거두어 선택되어야 한다.

정결을 위해 용기를 내다.

조국은 망했고, 이름도 빼앗겼다. 왕의 사관학교에서는 반드시 우수한 성적으로 살아남아야 한다. 그러나 다니엘과 친구들은 사관학교에 제공되는 왕의 음식을 먹지 않기로 했다. 이것은 규율을 어기는 것으로 매우 위험한 생각이다. 생존과 출세를 위해서는 하면 안되는 선택이다.

그럼에도 불구하고 소년들이 왕의 음식을 거절하기로 한 이유는 왕의 음식이 그들을 더럽힌다고 믿었기 때문이다. 소년들의 조국은 망했고, 이름도 빼앗겼지만 여호와를 향한 믿음은 버리지 않겠다는 의지의 표현이었다. 정복자의 개조 정책에 대한 거절이다.

신구약 중간기의 유대 문서 토비트 (Tobit), 유딧서 (Judith), 희년서 (Jubilees) 에는 이방인이 제공한 음식을 거부해야 한다는 입장을 보여주는 많은 예가 기록되어 있다. 단지 부정하게 만드는 음식이 문제가 아니라 융화 정책의 전체 프로그램이 문제였다. (IVP 성경배경주석 p.1062)

정복자들은 다니엘과 친구들의 모든 삶을 통제하고 바빌로니아의 사람으로 개조하고자 했다. 그러나 망국의 소년들은 왕의 음식을 거절하는 것으로 믿음을 지키기 위한 작지만 위험한 도전을 시도했다.

첫 번째 용기를 냈다. 포로 소년들이 교육을 총괄하는 왕이 임명한 환관장에게 왕의 음식을 먹지 않을 것을 허락해 달라고 부탁했다. 그러나 환관장은 거절했다. "왕이 직접 음식과 음료를 지정했는데 혹시라도 너희들이 음식을 먹지 못해 건강이 상한다면, 너희 때문에 내 목숨이 왕 앞에서 위태롭게 될 것이다."

정복자들의 눈에 들어야 하는 소년들이 환관장에게 음식을 거절하겠다는 부탁을 하는 것은 그 자체로 위험한 도전이었다. 소년들의 위험한 첫 번째 시도가 거절되었다.

소년들은 다시 도전했다. 이번에는 환관장이 임명한 부하 감독관에게 부탁했다. "제발 우리를 열흘만 시험해주십시오. 우리가 채소와 물만 먹은 후 왕의 음식을 먹은 소년들과 비교한 후 결정하십시오." 그들의 제안을 받아들여 감독관이 열흘 동안 시험했는데 네 명의 소년이 더 건강해 보였다. 이후 네 명의 소년은 왕의 음식을 먹지 않으면서도 사관학교에서 계속 공부할 수 있었다.

생존을 위한 더 큰 도전들

스스로는 아무것도 결정할 수 없는 상황에서도 용기를 내서 믿음을 지켜낸 소년들은 이후 최선을 다해 바빌로니아의 언어와 문화를 공부했다. 그 결과 그들은 문학과 학문에 능통하게 되었고, 다니엘은 특별히 환상과 꿈을 해석하는 능력까지 갖게 되었다. *

• 바빌로니아인들은 BC 3000년부터 꿈이 신들의 일을 계시하는 중요성을 갖는다고 믿었다. 꿈은 영의 사자 자키쿠(Zaqiqu)가 신들로부터 메시지를 전달하는 것으로 여겼다. (IVP성경배경주석 p.1062.)

삼 년의 교육이 끝나는 날 환관장은 사관학교의 소년들을 왕에게 데리고 갔다. 왕이 소년들을 시험해보니 다니엘과 세 친구가 가장 뛰어났다. 왕은 소년들의 지혜와 지식이 전국에 있는 마술사나 주술가보다 훨씬 뛰어나다는 것을 알게 되었고, 관리로 발탁해 고위직에 임명했다.

그러나 고위관리가 되어 유력한 자가 되었다고 해서 그들이 겪어야 할 도전과 어려움이 끝난 것은 아니었다.

두라 평지에 금신상을 세우고 절하게 하다.

바빌로니아의 왕 네부카드네자르 2세는 자신의 위대함을 세상에 알리고 싶었다. 고대의 왕들은 자신의 위대함을 건축물로 증명하곤 했다. 네부카드네자르 2세도 두라 평지에 금으로 높이 60규빗 (고대 이집트, 바빌로니아 등지에서 썼던 단위로 사람의 중지 끝에서 팔꿈치까지의 길이로 약45cm이다.), 넓이 6규빗의 거대한 신상을 만들고 지방의 장관들과 모든 관리들에게 제막식에 참석할 것을 명령했다.

제막식 날 모든 관리들이 왕의 신상 앞에 섰다. 그때 왕이 명령했다.

"민족과 언어가 다른 모든 백성들은 들으라. 지금부터 악기들로 음악이 연주되면 모두 신상에 엎드려 절하라. 누구든지 절하지 않는다면 즉시 불타는 용광로에 던져 넣을 것이다."

빠르게 성장한 제국의 왕 네부카드네자르는 거대 신상에 제사하는 방식으로 다문화 다민족을 하나로 융합하고 지방 영토의 충성 서약을 받고자 했다. 그러므로 왕에게 제막식은 매우 중요했고, 강압적이었다. 아무도 왕의 명령을 거절할 수 없었다. 오히려 앞다투어 절하며 왕의 눈에 들고 싶어 하지 않았을까? 그러나 다니엘의 세 친구의 선택은 달랐다.

다니엘은 멀리 출타 중이었지만 세 친구는 모두 제막식에 참석했다. 그러나 사드락, 메삭, 아벳느고는 신상에 절하는 것을 거절했다. 우상을 향해 절을 하는 것은 명백하게 하나님의 법을 어기는 일이기 때문이다.

왕은 분노하며 "지금 이 자리에서 너희를 구할 신이 있겠느냐? 너희를 구할 수 있는 것은 나뿐이다. 그러니 용광로에 들어가기 싫으면 절하라"고 명령했다.

그러나 사드락, 메삭, 아벳느고는 "왕이시여, 우리 하나님 여호와께서 용광로에서 우리를 건지실 겁니다. 그러나 구하지 않는다고 할지라도 우리는 절대로 왕의 신을 섬기지 않고, 절도 하지 않겠습니다."라며 명령을 거절했다.

이에 분노한 왕은 그들을 용광로에 던졌다. 그러나 그들은 타죽지 않았고, 이를 본 왕은 여호와를 인정하지 않을 수 없었다. 그리고 무사히 용광로에서 나온 사드락, 메삭, 아벳느고는 더 높은 지위에 오르게 되었다.

기도가 불법이 되다

고대 근동을 모두 통일한 바빌로니아의 영광은 그리 길지 않았다. 페르시아의 키루스 2세 (Cyrus II, 고레스) 가 바빌로니아를 정복했다. 페르시아의 키루스 2세는 바빌로니아와는 다른 방식으로 제국을 통치했다. 정복한 제국에 총독 (사트라프 Satrap) 들을 세워 분할통치하게 했고, 총독들은 관할 지역 (사트라피 strapy) 의 행정 사법 군사 외교까지 전권을 가지고 있었으나 지역의 고유 문화와 관습은 깨뜨릴 수 없었다. (이 통치 방법은 알렉산더를 지나 셀리쿠스 왕조시대까지 유지되었다.)

왕은 세 명의 총리를 세워 관할 지역을 다스리는 총독들을 관리했다. 다니엘은 세 명의 총리 중 한 명이 되었고, 그 중에서도 능력을 인정받아, 왕은 나라의 전권을 그에게 맡기려고 했다. 그러자 다른 총리와 총독들이 이를 견제했다. 이들은 왕의 신임을 잃게 하려고 다니엘의 비리를 찾아 왕에게 고발하려 했으나 찾을 수 없었다. 그는 정직하고 충성스러운 사람이었기 때문이다.

비리를 찾기 위해 다니엘을 살피던 총리와 총독들은 약점이 될 만한 비리는 찾지 못했지만 다니엘의 특이한 습관을 발견했다. 항상 하루에 세 번 예루살렘 쪽으로 난 창문을 열어놓고 하나님께 기도하는 것이다. 특이한 습관이기는 하지만 죄가 될 일은 아니었다. 그러나 총리와 총독들은 이 습관을 범죄로 만들기 위해 왕에게 한 가지 법을 건의했다.

"왕이시여 앞으로 삼십 일 동안 왕 외에 다른 신이나 사람에게 기도하는 자는 누구든지 사자 굴에 넣겠다고 하십시오. 그리고 이 법에 왕의 도장을 찍어서 왕도 바꿀 수 없는 법으로 제정하십시오." 신생 페르시아 제국과 왕의 권위를 세우기 위해서 필요한 것이라며 왕을 설득했을 것이다. 신하들의 제안을 받아들여 왕은 법을 세웠고 도장을 찍어 바꾸거나 무효화할 수 없게 했다.

이런 법이 공표된 것을 알게 된 후에도 다니엘은 하나님께 기도하기를 멈추지 않았다. 계획대로 빌미를 얻은 신하들은 왕에게 기도하는 다니엘을 고발했다. 이 소식을 들은 왕은 당황스러웠다. 다니엘의 정직함과 충성됨을 알고 있던 왕은 다니엘을 구할 방법을 찾으려고 무척이나 애를 썼다. 그러나 총리와 총독들은 왕의 도장을 찍은 법은 고칠 수 없다며 법의 집행을 압박했다. 결국 왕은 다니엘을 구할 방법을 찾지 못했고, 사자 굴에 넣어야 했다.

사자 굴에 들어가는 다니엘에게 왕은 "네가 늘 섬기던 너의 하나님이 너를 구해주실 것이다."라고 말하며 무사귀환을 빌었다. 그날 저녁 왕은 아무것도 먹지 않고, 오락도 금지시켰다. 잠도 자지 못한 왕은 아침이 되자 일찍 급하게 사자굴로 갔다. 그리고 다니엘을 불렀다.

"다니엘아, 네가 늘 섬기는 하나님이 너를 사자들로부터 구해주셨느냐?"

다니엘은 왕에게 무사함을 알렸고, 다니엘을 무고한 사람들에게 분노한 왕은 그 사람들과 가족들까지 사자 굴에 넣도록 명령했다. 사자들이 그들을 덮쳐 뼈까지 부수어 버렸다.

이후 다니엘은 키루스가 다스리는 동안 편안하게 살 수 있었다.

다니엘과 세 친구 적용하기

나라는 망하고 포로로 끌려가서 이름도 빼앗긴 소년들에게 미래는 암흑과 같이 어두웠다. 스스로 선택하거나 결정할 수 있는 일이 전혀 없는 상황이다. 그런 상황에서 얻은 기회는 절실하고, 그 기회를 잡기 위해 주어진 규율은 절대적이다. 그런데도 자신들의 믿음을 지키겠다고 꼼지락거리는 소년들의 이야기가 불평등 속에서 절박한 경쟁에 노출되어 있다고 생각하는 이들에게 도전이 되기를 바란다.

다니엘과 친구들이 한계 상황 속에서 어떻게 믿음과 비전을 지킬 수 있었을까? 그 답은 의심하지 않는 믿음, 그리고 그 믿음에 근거한 판단과 이것을 실행하는 용기였다. 처음 거절 당한 후 다시 부탁하는 모습에서 어린 소년들의 용기와 단호함을 본다. 그리고 이 과정에서 얻은 성공의 경험은 관리로 발탁된 후에도 여러 도전을 이기며 믿음을 지켜나가는 원동력이 되었을 것이다.

성경은 당시 다니엘을 이렇게 묘사한다.

> "다니엘은 왕이 내린 음식과 포도주로 자기를 더럽히지 않겠다고 마음을 먹고, 환관장에게 자기를 더럽히지 않을 수 있도록 해 달라고 간청하였다. 하나님은 다니엘이 환관장에게서 호의와 동정을 받도록 해주셨다." (다니엘 1장 8,9절, 새번역)

포로 신분의 소년들이 정복국의 관리에게 규율을 거슬러 왕의 음식을 먹지 않게 해달라고 부탁하는 것은 엄청난 용기가 필요한 행동이었다. 심지어 그들의 첫 번째 시도는 거절되었다. 그러나 뜻을 포기하지 않고 거절 이후 환관장의 부하 감독관에게 다시 부탁한다.

이런 과정 속에 아무렇지도 않게 담대하기는 쉽지 않다. 부탁하기 전 불안과 두려움에 휩싸여 수만 가지의 생각을 했을 것이다. '부탁이 받아들여지기는 할까?' '혹시 괜한 부탁으로 더 손해를 보지는 않을까?' '잘못된다면 목숨은 부지할 수는 있을까?' 이런 염려들을 딛고 소년들은 환관장에게 말을 걸고 부탁을 했을 것이다.

용기의 원동력은 '스스로 더럽히지 않겠다'는 마음이었다. 비록 나라는 망했지만 자신들의 신에 대한 믿음은 버리지 않았던 것이다. 여호와가 참 신이라는 믿음을 의심하지 않았다는 것이다.

이 믿음은 관리로 발탁된 뒤에도 여전히 그들의 삶의 기준이 되었다. 금신상에 절하라는 절대자의 명령도 거절했고, 벌을 받을 걸 알면서도 기도하는 일을 감추거나 뒤로 미루는 타협을 하지 않았다.

소년들은 위기 상황에서도 무엇이 믿음을 따르는 행동인지 정확히 판단하고 그 믿음을 따라 행동했다. 두려움을 이기고 실천했다. 그렇게 해서 소년들은 하나님에 대한 믿음과 비전을 놓치지 않을 수 있었다.

상황에서 핑계를 찾으며 미리 포기하지 않았다는 말이다. 스스로 포기하는 순간 가능성은 0% 무(無)로 확정된다. 일본의 작기이자 철학자인 기시미 이치로(岸見一郎)의 말처럼 아무것도 하지 않으면 아무 일도 일어나지 않는다. 결단했다면 행동해야 결과를 얻을 수 있다. 자신의 믿음이 옳다면 그대로 행동하는 용기를 내야 그 믿음을 지킬 수 있다.

기울어진 운동장에서 치열하게 경쟁해야 하는 것이 현실이라고 느껴 좌절이 된다면 이들을 통해 용기를 얻기 바란다. 자신의 꿈이 하나님께서 주신 비전이라고 믿는다면 그 믿음을 따라 용기 있게 행동해야 한다. 환경과 상황에 좌절하고 아무 것도 하지 않으면 비전을 지키고 이루어갈 방법은 없다.

징검다리 구약과 신약 사이 이스라엘에서는

세상은 다시 소용돌이 속으로

바빌로니아에 의해 유다가 멸망한 지 70년이 지난 후 세상은 다시 한번 소용돌이에 빠져들었다. 메소포타미아 지역의 패권이 바빌로니아에서 페르시아로 옮겨간다.

아시리아가 바빌로니아와 메디아의 연합군에 의해 멸망한 후 세상은 바빌로니아, 이집트, 메디아, 리디아 4개국이 서로 경쟁하고 있었다. 그런데 메디아의 세력 아래 있던 키루스 2세(Cyrus II, 고레스)가 메디아의 지배에서 벗어나 페르시아를 건국했다. 키루스 2세는 메디아, 리디아, 바빌로니아를 차례대로 무너뜨리며 BC 539년 고대 근동의 최강자가 되었다. 이후 키루스 2세는 피지배 민족의 전통과 종교를 존중하는 내용을 담은 키루스 칙령을 발표했다. 이 칙령에 의해 제국 내의 피지배 민족들 중에서 원하는 사람들은 고향으로 돌아가 자신들의 종교를 믿을 수 있게 되었다.

그 결과 바빌로니아로 끌려왔던 유대인들은 3차에 걸쳐 예루살렘으로 돌아갔다. 포로에서 귀환한 유대인들은 예루살렘 성전을 재건했다. 그러나 이것이 유대인의 국가 이스라엘의 재건은 아니었다. 여전히 유대인들의 거주지 가나안은 페르시아의 속주였고, 알렉산더가 페르시아를 멸망시킨 후에는 알렉산더가 다스리는 헬라 제국의 지배 아래 놓였다.

그런데 막강한 제국 헬라의 알렉산더가 후계자를 정하지 못하고 일찍 병들어 죽었다. 알렉산더 사후 제국은 서로 제국을 차지하려는 장군들 사이의 기나긴 전쟁을 치르게 되었다. 이런 상황에서 변방의 속주에 대한 통치가 제대로 발효되기는 어려웠다. 유대 지역은 각 세력의 각축장이 되었다.

마카비 혁명

이 시기 가나안 지역은 처음에는 이집트를 차지한 프톨레미우스 (Ptolemy) 의 지배 아래 있었으나 훗날 시리아 지역을 차지한 셀레우코스 (Seleucus) 의 지배를 받게 된다.

프톨레미우스는 각 지역의 고유 종교를 인정하는 유화정책을 폈지만, 후에 가나안을 점령한 셀레우코스는 철저하고 강압적으로 헬레니즘화 시키는 정책을 펼쳤다. 심지어 안티오쿠스 4세 (Antiochos IV) 는 유대인의 종교를 금지하고 예루살렘 성전에 제우스 신상을 세우고 돼지고기로 제사를 지내는 만행을 저질렀다.

이에 이스라엘의 하스몬 (Hasmonean) 가문에 속한 제사장 '마타디아'는 우상숭배를 거부하며 헬라화에 동조하는 우상 숭배자들과 안티오쿠스 4세의 사람들을 죽이고 추종자들과 함께 사막으로 숨어 들어가 투쟁을 시작한다.

마타디아는 투쟁 시작 후 1년 만에 죽고, 그의 아들 유다
가 이 투쟁을 이어받았는데 그의 별명이 '쇠망치'라는 뜻의
'마카비'(Maccabee) 였다. 사람들은 그를 '유다 마카비'로 불렀
고, 그의 이름을 따서 이 투쟁을 '마카비 혁명'이라고 일컫는
다. 혁명은 성공적이어서 마카비는 예루살렘을 탈환했다. 유
대인들은 마카비의 혁명을 보며 구약시대에 예언된 메시아
왕국이 이루어지는 것이라고 믿었다.

혁명에 성공한 유대는 BC 164년 하스몬 왕조(The Hasmonean
Kingdom)를 세우며 독립 왕국을 이룬다. 초기에는 혁명의 정신
과 경건함을 유지하지만, 권력을 맛본 하스몬 가문은 상상
초월의 권력 투쟁에 휘말리게 된다.

하스몬 왕조의 몰락과 헤롯의 등장

하스몬 왕조의 권력 투쟁은 결국 스스로 외세를 끌어들이는 결과를 낳았다. 권력 싸움이 극에 달하자 유대인들은 로마의 폼페이우스에게 도움을 요청하고 BC 63년 폼페이우스는 예루살렘을 점령했다. 유대는 스스로 로마의 식민지가 된 것이다.

이런 혼란의 틈을 타서 정치적 수완이 좋았던 이두매 (에돔)인 헤롯 안티파테르 2세 (Herod Antipater II) 는 폼페이우스나 카이사르와 좋은 관계를 유지하고 BC 47년 유대의 행정장관으로 임명되었다. 안티파테르 2세는 그의 아들 헤롯을 갈릴리의 총독으로 임명했다. BC 43년 안티파테르가 의문의 암살을 당하자 헤롯은 암살자를 처형하고 돌아와 명목상 유대 왕가였던 하스몬 왕가의 공주 마리암느 (미리암) 와 결혼함으로써 전통적인 유대교 제사장의 가문과 결합하였다. 이후 헤롯은 BC 40년 로마 원로원으로부터 '유대인의 왕'이라는 칭호를 받아 유대의 공식적인 왕이 되었다.

이후 헤롯은 유대인들의 지지를 받기 위한 노력으로 예루살렘을 재건했다. 특별히 유대인들이 가장 소중히 여기던 예루살렘 성전을 솔로몬의 성전이 연상되도록 크고 화려하게 재건했다.

또한 지중해에 인접한 시돈 지역에 대형항구도시를 건설하고 로마 황제에게 경의를 표하는 의미로 '가이사랴'(Caesarea)라고 명명했다. 가이사랴를 통해 헤롯은 로마의 문물을 신속히 받아들이고 사마리아의 농산물을 로마에 수출하며 자신의 이름을 과시하고자 했다.

그리스도 예수의 탄생

헤롯이 다스리는 시기에 예수께서 유대 땅 베들레헴에서 탄생하셨다. 이방인으로 유대인의 왕 노릇을 하고 있던 헤롯에게 유대 땅에 왕이 태어났다는 소문은 매우 불길한 것이었고, 태어난 아기의 색출에 실패하자 2세 이하의 유아들을 모두 학살하는 만행을 저지르게 된다.

바빌로니아에 포로로 끌려간 유대인에게 하나님의 도성인 예루살렘의 멸망은 너무나 큰 충격이었다. 유대인들은 예루살렘의 멸망을 여호와의 율법을 따르지 않았기 때문이라고 결론 내리고 회당을 중심으로 여호와의 율법을 공부하고 지키는 데 열심을 냈다. 그리고 선지자들이 예언했던 메시아를 와서 민족을 해방시켜주기를 오매불망 기다리게 되었다.

처음에는 자신들을 바빌로니아의 포로에서 해방시킨 페르시아의 키루스 2세가 메시아라고 믿기도 했고, 하스몬 왕조가 메시아 왕국을 건설하는 것일 수 있다고 생각하기도 했다. 그러나 그들의 믿음은 계속 잘못된 것이었다. 그래서 로마의 지배를 받고 있는 그때까지 여전히 유대인들은 여호와께서 약속한 메시야를 간절히 기다리고 있었다.

때가 차매 선지자들의 예언대로 유대 땅 베들레헴에서 예수께서 탄생하셨다. 그리고 30년이 지난 후 예수께서 천국을 선포하기 시작하셨다.

"회개하라 천국이 가까이 왔느니라!" (마태복음 4장 17절)

Chapter 3

성경 속의 인물 - 신약

바빌로니아에 의해 예루살렘은 무너지고 포로로 끌려간 유대인들은 70년이 지나고 예루살렘으로 귀환할 수 있었지만 여전히 페르시아, 헬라, 로마의 지배를 받았다. 이민족의 지배 아래에서 고통받던 유대인들은 이전 이스라엘의 영광을 재현할 메시아를 간절히 기다렸다. 메시아에 대한 기다림은 구약의 선지자들이 이미 예언했던 내용이다.

선지자의 예언대로 이 땅에 메시야로 예수께서 오셨지만, 정작 예수를 알아보는 사람들은 많지 않았다. 그러나 예수를 알아본 사람들은 하나님의 나라를 소망하며 이미 소유하고 있던 것들을 포기하고 예수를 따랐다. 자신의 소유와 보장된 직업과 신념까지도 포기가 가능했던 것은 이미 가지고 있는 삶의 모습보다 예수가 제시하는 하나님 나라를 선택하는 것이 옳다는 것을 확신했기 때문이다.

일생을 좌우할 중요한 선택 앞에 섰다면 신약 성경의 인물들을 바라보며 가장 올바르고 행복한 선택은 어떤 것인지 찾기를 바란다.

과감한 선택 – 예수의 제자들

행복을 위한 선택

서울대 최인철 교수는 "행복은 역할, 의무, 책임, 조심, 경계, 현상 유지로 대표되는 당위적 자기의 브레이크보다는 꿈, 비전, 이상, 열망으로 대표되는 이상적 자기라는 엔진을 달고 전진하는 사람에게 찾아올 가능성이 높다" (최인철, 굿라이프, P.103) 고 말한다.

대한민국의 행복지수나 만족도가 상대적으로 매우 낮다는 조사 결과를 쉽게 찾아볼 수 있다. (삶의질데이터센터 http://www.happykorea.re.kr/about/happy03.php) 그 이유는 최인철의 말로 설명이 가능하다. 꿈, 비전, 이상을 포기하고 자신의 역할, 의무, 책임, 조심, 현상 유지를 위해 자신의 자리에 안주하며 스스로 합리화하고 있기 때문일 것이다.

정글과 같은 사회에서 살아남으려면 꿈이나 이상보다는 현실적으로 합리적인 선택을 해야 한다고 생각해서 많은 부분을 현실과 타협하며 사는 경우가 있다. 젊을 때의 꿈과 비전은 그저 젊은 날의 치기 어린 포부일 뿐이라고 여기고, 현재 누릴 수 있는 칭찬, 편리, 현상 유지를 위해 바쁘게 살아간다. 과연 이들의 삶을 성공적이고 행복할까?

예수의 부름에 응답한 사람들

메시아로 이 땅에 오신 예수께서 천국을 선포하기 시작하시며 제자들을 선택하시고 따르라고 부르셨다. 당시 나사렛 목수 출신 젊은이 예수의 초청에 응한다는 것은 쉬운 선택은 아니었을 것이다. 예수께 선택받은 제자들은 이미 상당한 직업과 가정 등 삶의 기반을 마련한 상태였기 때문이다.

그런데도 초청받은 12명이 자신들의 모든 삶의 기반을 버리고 예수를 따라 나섰다.

생계 수단을 버리고 예수를 따르다.

제일 먼저 베드로와 동료들을 부르셨다. 예수의 부르심에 그들은 즉시 배와 그물을 버려두고 예수를 따라 나섰다.

갈릴리에서 베드로는 동생 안드레, 그리고 동업자 야고보, 요한과 예수의 부름을 받았다. 그들은 갈릴리 호수에서 어부

생활을 하던 선주들이었다.

당시 베드로와 동료들은 밤새 수고했지만 물고기를 잡지 못하고 빈손으로 돌아와 허탈한 마음으로 그물을 손질하고 있었다. 이때 예수가 그들에게 깊은 곳에 가서 그물을 던지라 했고 베드로가 그대로 따랐다. 그 결과 그물이 찢어질 만큼 많은 물고기를 잡았다.

이어서 예수는 베드로와 동료들을 초청하셨다.

"나를 따라오라. 내가 너희를 사람을 낚는 어부가 되게
할 것이다." (마태복음 4장 19절, 쉬운성경)

단순한 이 초청에 베드로와 형제 안드레는 배와 그물을 버려두고 예수를 따라나섰다. 예수가 물고기를 많이 잡도록 도왔기 때문이라면 예수의 부름에 따라나서는 것이 아니라 예수를 고용하려 했을 것이다. 그러나 베드로와 동료들은 오히려 배와 그물을 버려두고 예수를 따라나섰다.

베드로와 동료들에게 배는 가장 중요한 생계의 수단이고 자본재다. 농촌에서는 땅을 가진 지주가 부를 모을 수 있는 것처럼 어촌에서는 생산수단인 배를 갖고 있는 선주가 부를 챙길 수 있었다. 다시 말해 베드로에게 배는 자신과 가족의 인생이 걸린 재산이다.

왜 베드로와 동료들은 자신들의 모든 삶의 터전과 같은 배

와 그물을 버려두고 예수를 따라나섰을까?

안정된 직업을 포기하다.

마태는 세관원이었다. 그의 사무실은 가버나움에 있었다. 그는 인접한 주요 무역로를 통해 수입된 상품들이 가버나움 항구로 들어올 때마다 수입세를 부과하는 세관원이었다. 세관원의 수입은 앞서 살폈던 선주들보다 많고, 안정이 보장되어 있었다.

유대인에게 세관원은 동포들을 괴롭히며 세금을 걷어 로마의 배를 불리는 멸시 받는 집단이었다. 로마에 상납해야 할 세금을 채우기 위해 무자비한 행동을 서슴치 않았기 때문이다. 그러나 당시 로마의 속국인 이스라엘에서 안정적으로 부를 챙길 수 있는 몇 안되는 전문직이었다.

왜 마태는 비록 사람들에게 미움을 받기는 하지만 이토록 안정적인 직업을 버리고 예수를 따르게 되었을까?

자신의 신념을 거스르고 예수를 따르다.

가룟 유다는 열심당원이었다. 열심당은 본래 율법을 충실히 지키고 하나님께 열정적으로 헌신하는 자들을 가리키는 말이었다. 그러나 시간이 지나 로마의 지배가 시작되면서 정복자 로마를 하나님의 거룩한 땅 가나안에서 몰아내기 위해 갈릴리 사람 유다의 지도 하에 무장 독립 투쟁을 벌이는 단체로 창설되어 활동을 시작했다. 이들은 오직 여호와만 주권자로 삼는 신정정치를 방해하는 모든 세력에 대해 저항하고 필요하다면 폭력도 불사하고, 죽음까지도 두려워하지 않았다. AD 70년 로마에 의해 예루살렘이 함락될 때까지도 그 명맥은 유지되었으나 AD 74년 5월에 있었던 마사다 (Masada) 에서의 최후 항전을 끝으로 소멸되었다.

폭력도 불사하던 열심당원 유다는 왜 "오른쪽 뺨을 치거든 왼편도 돌려 대라" (마태복음 5장 39절) 는 전혀 다른 생각을 전하는 예수를 따르게 되었을까?

배를 소유한 자본가, 안정적으로 부를 축적할 수 있는 세관원, 신념을 위해서 목숨도 아끼지 않는 독립운동가였던 이들은 왜 자신들의 삶에서 가장 중요한 재산, 직업, 사상을 포기하고 예수를 따라나섰을까?

이유 없는 포기는 없다. 더 좋은 것을 발견했기 때문에 덜 좋은 것을 포기하고, 예수를 통해서 얻을 수 있는 더 좋은 것, 더 소중한 것을 선택한 것이다.

제자들의 과감한 선택 적용하기

예수는 "회개하라 천국이 가까이 왔느니라"는 메시지를 선포했다. 이는 천국 즉 하나님의 나라에 대한 선포였다. 천국은 비전 이상 열망 꿈처럼 추상적이고 뜬구름 잡는 듯하다. 현실과는 동떨어진 상상 속의 세상을 말하는 것 같다. 그러나 제자들은 비현실적인 예수의 제안을 선택하고 현실적인 배와 그물, 직업과 사상을 포기했다.

> "하늘나라는 밭에 숨겨진 보물과 같다. 어떤 사람이 그
> 보물을 발견하고 다시 밭에 숨겼다. 그는 매우 기뻐하
> 며 돌아가서 가진 것을 모두 팔아 그 밭을 샀다."(마태
> 복음 13장 44절, 쉬운성경)

성경은 하늘나라 (하나님의 나라) 를 밭에 숨겨진 보물에 비유한다. 상식적으로 밭의 가치는 땅의 비옥함, 위치 등에 의해 정해진다. 밭에 돌과 넝쿨들만 가득하다면 가치가 없는 것이다. 그러나 밭에 숨겨진 보물의 존재를 알게 된 사람에게는 밭의 위치나 상태는 중요하지 않다. 오히려 자신이 지금까지 노력해서 이룬 모든 재산을 팔아서 보물이 숨겨진 밭을 기쁘게 선택할 수 있다. 오직 보물의 존재를 아는 사람만 가능한 것이다. 겉으로 보이는 척박함이나 어이없어하는 사람들의

시선은 중요하지 않다.

  현실은 개인이 품은 비전에 항상 불친절하다. 오히려 역할, 의무, 책임, 조심, 현상 유지 등의 유혹으로 우리를 비전으로부터 멀어지게 한다. 그러나 나의 삶을 소중하고 행복하게 하는 건 의무나 현상 유지로는 충분하지 않다. 오히려 불친절하고 추상적인 것 같은 가치들이 우리의 삶을 더 의미있고, 행복하게 한다. 이를 위해서는 꿈, 비전, 이상을 바라보며 현재를 노력하고 그 과정에서 만나는 성공의 경험을 즐거워하고 감사하면서 살아가야 한다. 선택의 순간에는 급한 것이 아니라 중요한 것이 기준이 되어야 한다.

  가장 소중한 것은 하나님의 나라, 비전, 이상, 꿈이다.
  이것들을 소개받거나 발견한다면 기쁘게 자신의 모든 것을 투자해야 한다.

삶의 끝에서 만족을 말하는 바울

혜성같이 등장한 사울

청년 사울, 열심으로 기독교인을 박해하다

부활하신 예수께서 승천하시기 전 제자들에게 "예루살렘을 떠나지 말고 아버지의 약속하신 성령을 기다리라"(사도행전 1장 4절), 그리고 "성령이 너희에게 오면 너희는 권능을 받고 예루살렘과 온 유대와 사마리아와 땅끝까지 이르러 나의 증인이 될 것이라"(사도행전 1장 8절)는 명령과 약속을 주셨다.

예수의 제자들은 예루살렘을 떠나지 않고 약속된 성령을 기다렸고 오순절에 약속대로 성령이 오셨다. 성령으로 힘을 얻은 제자들은 담대하게 예루살렘에서 예수를 전했다. 유대교 지도자들이 이것을 유대교에 대한 반대와 도전으로 여겨 예수의 복음을 전하는 제자들을 박해하기 시작했다.

이때 등장한 젊은 행동파 유대인이 있었는데 그가 바로 사울이다. 그의 등장은 매우 충격적이다.

교회가 처음 뽑은 일곱 명의 집사 중 한 명인 스데반이 공회*에 체포되었다. 그는 매우 힘있게 하나님의 말씀을 전했고, 그의 전도를 통해 많은 사람들이 예수를 믿게 되었다. 유대인들은 스데반을 모세와 하나님을 모독했다는 누명을 씌워서 공회에서 재판을 받게 했다. 공회에 불려 나온 스데반은 여전히 확신에 차서 하나님의 말씀을 전하고 '너희가 율법을 받고도 지키지 않는다'는 책망에 마음이 찔린 사람들이 오히려 스데반을 끌고 나가 돌로 쳐서 죽이는 사건이 벌어졌다.** 이때 돌로 치던 사람들이 옷을 벗어 사울이라는 청년의 발 앞에 두었다.

옷을 벗어 발 앞에 두는 행위는 자신들의 위증에 대한 책임을 사울에게 전가하는 의미를 가진 행동이다. (제자원 편집, 그랜드 종합 주석, 사도행전, 서울; 성서아카데미, 1999, p.188) 이로써 스데반의 죽음에 대한 모든 책임은 사울에게 있는 것이 된다. 그리스도인들을

---

* 산헤드린 공회(συνέδριον). 유대인들의 최고 의결 기관으로 모세가 임명한 70인의 장로회에 그 기원을 둔다. BC3세기경 장로 중심의 귀족회의에서 출발되었다. 대제사장이 의장이고 공회원은 바리새인, 사두개인, 서기관, 장로 등 백성의 대표들로 구성되었다. 율법을 따라 70명을 정수로 한다(의장 포함 71명). 로마 통치 하에서도 정치 문제를 제외한 이스라엘의 입법과 사법을 총괄하는 최고 정책 의결 기구 역할을 했다. 주로 율법을 해석하고 종교 재판을 주관하며, 성전의 치안을 유지하는 문제를 다루었다. 재판 시에는 두 명의 증인이 배석했고, 사형에 해당하는 죄는 다음날 다시 한번 심의를 거쳐 억울한 사형수가 생기지 않도록 조심했다. 또한 사형이 확정된 죄수에게는 죄를 고백할 수 있는 회개의 기회도 제공되었다. 모든 안건은 만장일치로 의결했다.
** 유대인의 규칙에 의하면 정죄 받은 죄인을 동네 어귀로 끌고 가서 적어도 자신의 키의 두 배에 해당하는 높이에서 땅에 던진다. 그런 다음 첫 번째 증인들이 그에게 큰 돌을 던지는데 죽을 때까지 던진다. 유대 법에는 죄인을 죽이기 전에 먼저 옷을 다 벗긴다. 모세의 율법에는 사형 집행사건의 경우 거짓 증인도 사형을 받는다.

박해하는 데 있어서 사울은 확신에 가득 찼고, 주저함이 없었다.

스데반의 죽음 이후 예루살렘에는 큰 박해가 있어 예수를 믿는 사람들은 예루살렘을 떠나게 되었다.

열심이 대단했던 청년 사울은 스데반의 죽음은 당연한 것으로 여겼을 뿐만 아니라, 더 나아가 대제사장에게 다마스쿠스 (Damascus, 다메섹) 의 여러 회당에서 예수를 따르는 사람들을 체포해서 예루살렘으로 호송할 수 있도록 공문을 써달라고 직접 청했다.

다마스쿠스로 가는 길에 예수님을 만나다.

공문을 받은 청년 사울은 살기 등등해서 예수를 따르는 사람들을 체포하기 위해 군대와 함께 다마스쿠스로 출발했다. 사울이 다마스쿠스에 거의 도착했을 때 갑자기 하늘에서 환한 빛이 그를 비추며 음성이 들렸다.

"사울아, 사울아, 네가 어찌하여 나를 박해하느냐?"

사울은 너무 놀라 고개도 들지 못하고 물었다.

"주님 누구십니까?"

"나는 네가 핍박하는 예수다."

이 사건 후 사울은 앞을 보지 못하게 되어 동료들의 도움으로 간신히 다마스쿠스로 들어갔다. 앞이 보이지 않는 충격과 공포 속에 다마스쿠스에 머물고 있는 사울에게 다마스쿠스에 살던 예수의 제자 아나니아가 찾아왔다. 그리고 "사울 형제여, 그대가 이리로 오는 길에 나타나셨던 주 예수님께서 나를 보내셨습니다. 예수님께서 나를 보내신 것은 그대의 시력을 다시 회복하고, 성령으로 충만하게 하려는 것입니다." 라며 사울에게 손을 얹고 기도해주었다.

사울은 곧 다시 보게 되었고, 일어나 세례를 받았다. 기운을 차린 후 사울은 회당으로 가서 "예수님은 하나님의 아들이다"라고 선포하기 시작했다. 예수를 믿는 기독교인들을 체포해서 호송하기 위해 출발한 살기 등등한 사울이 다마스쿠스에 도착한 후 "예수를 하나님의 아들이다"이라고 선포하는 것은 그 사이 그에게 얼마나 획기적인 변화가 생겼는지를 잘 보여준다.

이후 사울은 바울*로 불리며 로마에서 순교할 때까지 평생을 예수의 복음을 전하는 데 바쳤다.

'요청받은 자'라는 의미의 '사울'(שָׁאוּל)은 '작은 자' 라는 뜻의 바울(Παῦλος)로 바뀌었다. 유대 율법에 특별히 열심이었던 행동가 바울은 예수를 만난 후 로마명 바울로 불리며 로마제국 전체를 여행하며 예수를 전했다.

이방인들에게 복음을 전하기 위해
완벽히 준비된 바울

바울은 스스로 자신을 이렇게 소개한다.

"아브라함의 씨에서 난 자요 베냐민 지파 출신의 순수 히 브리인으로 난 지 8일 만에 할례를 받고 유대교 신앙에 앞서 있었고 유대 전통을 지키는 일에 누구보다 열성이었다." (갈라 디아서 1장 14절, 빌립보서 3장 5-6절)

다소에서 태어난 유대인 사울은 유대교를 공부하기 위해 예루살렘에서 유학하고 이후 바리새파에 속한 랍비의 지위 를 갖고 있었다. 그는 당시 유대인들에게 가장 존경받는 대 스승 가말리엘*에게 사사 받았고, 태어날 때부터 로마의 시민권을 가 지고 있어서 로마제국 어디로나 여 행이 가능했다. 또한 헬라어와 히 브리어 그리고 헬라 철학과 유대 철학에 능통한 인재였다.

* 랍반 가말리엘 1세(Rabban Gamaliel I.). 엄격하게 율법을 해석 했던 샴마이 학파와 함께 바리새파 의 양대 산맥을 이루며 유연하게 율 법을 해석했던 힐렐 학파를 창설했 던 힐렐의 손자로 당대 최고의 랍비 라는 명성과 함께 백성들의 존경을 받았던 인물. 사도행전 5장 34절에 서 기독교 초기 유대인들의 박해가 심할 때 교회에 대해 관대한 입장을 취한 인물로 소개된다.

예수의 지상 사역은 갈릴리 지역과 예루살렘에서 이루어 졌다. 그러나 예수의 복음은 성령과 함께 예루살렘 뿐 아니 라 온 유대를 넘어 땅 끝까지 전해져야 한다.

성령이 너희에게 내리시면, 너희는 능력을 받고, 예루
살렘과 온 유대와 사마리아에서, 그리고 마침내 땅 끝
에까지 이르러 내 증인이 될 것이다. (사도행전 1장 8
절, 새번역)

땅끝까지 예수의 복음을 전하기 위해서는 필요한 것들이
있었다. 언어, 신분, 학문이다.

바울은 언어가 준비된 사람이었다. 예수님을 직접 경험했
던 제자들은 주로 아람어와 히브리어를 사용한 것으로 추측
된다. 그러나 알렉산더의 세계 정복과 함께 헬라어는 국제
공용어가 되었다. 그러므로 헬라어를 할 줄 모르는 것은 복
음을 전하는 데 제한적일 수밖에 없는 약점이 된다.

헬라의 문화와 예술은 로마 제국에서도 영향력은 여전했
기에 로마의 언어 라틴어와 함께 헬라어가 공용어로 사용되
었다. 복음이 땅 끝까지 전해지기 위해서는 헬라어에 능통한
사람이 절대적으로 필요했다. 바울은 헬라어로 설교하고 서
신들을 교회에 보내는 데 어려움이 없었다.

로마 시민권자는 로마제국 내에서 법적, 재정적인 차별을
받지 않을 권리를 갖는다. 특별히 로마 지역을 여행하는 데
제약이 없고, 본인이 원하면 로마에서 황제의 재판을 받을

수 있고, 고문을 당하지 않을 권리를 갖는다. 예루살렘에서 바울의 설교를 듣고 분노한 유대인들이 바울을 죽이겠다며 큰 소동을 일으킨 적이 있었다. 당시 예루살렘의 치안을 유지해야 하는 로마의 천부장이 소동의 원인을 해결하기 위해 바울을 체포한 후 채찍질하고 신문하려 했다. 그러나 천부장은 바울이 로마 시민권자라는 것을 알고는 오히려 자신이 시민권자를 불법 체포한 것 때문에 두려워한다. 로마 시민권의 위력을 알 수 있는 장면이다.

바울은 학문적으로도 준비된 인물이었다. 아테네를 방문했을 때 에피쿠로스와 스토아 철학자들과 논쟁을 벌였다. 바울과 논쟁했던 철학자들은 바울을 아레오바고*에 세웠다. 당시 아레오바고 의회는 공동체에서 지위가 가장 높은 사람들만 참석할 수 있었다. 이곳에서 바울의 설교는 즉각적으로 많은 결과를 가져오지는 않았지만 소수의 회심자가 있었다. 비록 소수이기는 하지만 회심자가 있었다는 것은 바울의 설교가 철학적으로 설득력이 있음을 증명한다.

*헬라의 개혁자 솔론이 세웠다. 아레오바고 회의는 아테에서 가장 역사 깊고 최고의 권위를 인정받는 회의로 초기에는 소송을 다루는 법원 역할을 했지만, 로마 시대에는 아테네의 도덕과 교육을 관장하고 새로운 종교나 철학이 유입되는 것을 통제하는 대학공동체 및 감독기관의 역할을 했다.

유대 출신의 제자들이 언어, 신분, 학문적 이유로 할 수 없는 것을 바울이 할 수 있었다. 헬라어에 능통한 로마의 시민 권자에 철학적 능력도 있었던 바울이기에 모든 것이 가능했다. 그렇게 그는 이방인의 사도가 되었다.

다마스쿠스로 가는 길의 체험 후 사울은 이름을 바울로 바꾸고 전도자의 삶을 살아간다. 그러나 그가 회심했다고 해서 바로 그를 받아들이기는 쉽지 않았다. 그리스도인들을 박해하던 전력 때문에 예루살렘 사도들과의 만남이 어려웠던 바울은 광야의 생활을 거쳐서 고향 다소에서 지내고 있었다. 이때 영향력 있는 지도자 바나바가 바울에게 공동사역을 제안해서 안디옥에서 사도로서의 삶을 시작한다.

이후 바나바와 바울은 안디옥 교회의 파송을 받아서 전도 여행을 시작한다. 이것이 바울의 1차 전도여행이고, 이후 2차, 3차 여행을 거쳐 로마에서 순교할 때까지 그는 자신의 모든 학문적 능력과 출신 배경을 그리스도의 복음을 위해서 사용한다.

여행을 하며 수많은 고통을 당했고 이제 순교를 앞둔 늙은 사도 바울은 자신의 삶은 후회 없는 소중한 것을 이룬 삶이었노라고 이야기한다.

사도 바울 적용하기

죽음을 앞두고 자신의 삶을 뒤돌아보며 후회하지 않고 만족할 수 있는 사람은 흔치 않다. 더욱이 가장 사랑하는 사람들에게 나의 길을 뒤따르라고 강하게 권한다는 것은 더 말할 것도 없다.

그러나 바울은 그렇게 했다. 사랑하는 믿음의 아들 디모데에게 이렇게 권면한다.

나는 하나님 앞과, 산 사람과 죽은 사람을 심판하실 그리스도 예수 앞에서, 그분의 나타나심과 그분의 나라를 두고 엄숙히 명령합니다. 그대는 말씀을 선포하십시오. 기회가 좋든지 나쁘든지, 꾸준하게 힘쓰십시오. 끝까지 참고 가르치면서, 책망하고 경계하고 권면하십시오. 때가 이르면, 사람들이 건전한 교훈을 받으려 하지 않고, 귀를 즐겁게 하는 말을 들으려고 자기네 욕심에 맞추어 스승을 모아들일 것입니다. 그들은 진리를 듣지 않고, 꾸민 이야기에 귀를 기울일 것입니다. 그러나 그대는 모든 일에 정신을 차려서 고난을 참으며, 전도자의 일을 하며, 그대의 직무를 완수하십시오. 나는 이미 부어드리는 제물로 피를 흘릴 때가 되었고, 세상을 떠날 때가 되었습니다. 나는 선한 싸움을 다 싸우고, 달려갈 길을 마치고, 믿음을 지켰습니다. 이제는 나를 위하여 의의 면류관이 마련되어 있으므로, 의로운 재판장이신 주님께서 그날에 그것을 나에게 주실 것이며, 나에게만이 아니라 주님께서 나타나시기를 사모하는 모든 사람에게도 주실 것입니다. (디모데후서 4장 1-8절, 새번역)

유대 사회에서 존경받는 랍비로, 종교 지도자로 살 수 있는 최고의 조건을 완벽히 가지고 있었던 청년 사울이 가지고 있던 모든 것을 그리스도의 복음을 전하기 위해 활용하며 평생을 살았다. 그리고 죽음을 앞둔 바울은 자신의 삶의 끝에서 '만족'을 이야기한다.

사실 냉정하게 생각해보면 바울은 예수를 만나 고생길이 시작되었다고 할 수 있다. 바울은 엄청난 기득권과 배경을 타고났고, 학문적 성취도 월등했고, 행동하는 적극성도 대단했다. 쉽게 말해 예수를 만나지 않았다면 당시 유대 사회의 지도자로 성공적인 미래와 안락한 삶을 보장받을 만했다.

그러나 그는 그 모든 것들을 대단하게 여기지 않고 자신이 가진 모든 것들을 이방에 복음을 전하는 일에 쏟아부었다. 심지어 그의 전도 여행길은 많은 박해와 목숨의 위협, 질병의 고통과 믿었던 사람과의 갈등 등으로 고난의 연속이었다.

하지만 인생의 마지막에 삶을 돌아보며 일말의 후회 없이 담대하게 나처럼 살라고 당부한다.

그의 삶이 만족할 수 있었던 것은 바울이 이미 가지고 있는 학문, 배경, 지위를 누리며 안주할 수 있었던 모든 것보다 오히려 예수의 복음이 소중하다는 것을 알았기 때문이다. 자신이 가진 어느 것도 복음을 앞설 만한 가치가 없다는 것을 알았다. 그리고 아는 것으로 그치지 않고 그 믿음을 따라 용감하게 행동했기 때문에 그의 삶에 후회나 아쉬움이 없었던 것이다.

바울의 신학 및 서신은 기독교의 교리와 역사에 미친 영향이 매우 커서 혹자는 "예수가 없었다면 바울도 없었겠지만 바울이 없었다면 기독교도 없었을 것이다."라고 평하기도 한다. (위키백과_사도 바울 https://ko.wikipedia.org/wiki/사도_바울로)

결국 바울을 통해 당시 제국의 심장인 로마에까지 복음이 전파되었다. 그리고 지금 우리에게까지 전해졌다.

인생을 걸만한 가치 있는 것, 이미 내게 주어진 모든 것들을 포기해도 아깝지 않을 소중한 것을 찾았다면 그것에 모든 것을 걸고 치열하게 살아야 한다. 그 길이 때로는 고통스럽더라도 최선을 다해 달려가야 한다. 최선을 다한 인생에 후회가 남지 않기 때문이다.

사도 바울은 담대히 말한다. "나는 믿음을 지켜 내게 주어진 인생의 길을 다 달려갔고, 그 길은 선하고 옳은 길이었고, 예수님께서 인정해주실 것입니다. 여러분에게도 마찬가지입니다."

Chapter 4

믿음을 따라 행동하라

인생을 관통할 진리를 깨달았다 해도 그것이 실제의 삶에 아무런 영향력이 없다면 그 진리는 그저 머리 속을 어지럽히는 관념의 사치에 불과할 것이다.

우리의 믿음도 마찬가지이다.

성경의 인물들을 통해 교훈을 얻으며 비전을 발견하고 삶의 주인 되신 하나님의 역사를 알게 되는 것은 출발점이 될 뿐이다. 지식에 머문 믿음은 자신의 삶을 변화시키지 못하고, 주변에 아무런 영향력도 발휘할 수 없다.

사도 야고보는 행함이 없는 믿음은 죽은 것이라고 선언한다. 믿음의 실천은 때로는 불편한 현실을 마주하게 하고, 일반적인 상식을 넘어서는 선택을 하게 한다.

하지만 복음을 믿는다고 하면서 그 믿음대로 행하지 않는다면 무엇으로 어떻게 믿음을 증명할 수 있을까? 그리고 과연 그 믿음은 진짜일까?

행함이 없는 믿음은 죽은 것

믿음이란 무엇인가?

길거리나 지하철에서 "예수 믿고 구원받으세요"라는 외치는 소리를 들어본 적이 있을 것이다. 예수의 도를 전하는 것으로 '전도'라고 한다. 여기서 말하는 구원은 무엇일까? 성경은 복음과 구원에 대해 이렇게 말한다.

> "너희는 그 은혜에 의하여 믿음으로 말미암아 구원을
> 받았으니 이것은 너희에게서 난 것이 아니요 하나님의
> 선물이라" (에베소서 2장 8절)

하나님의 은혜로 말미암은 선물이 구원이다. 구원은 예수께서 구속주라는 사실, 즉 복음을 믿음으로써 얻을 수 있다. 그리고, 이 믿음이 구원의 유일한 조건이다. 그러므로 믿음이 가짜라면 구원은 없다. 그러므로 '믿음'이 무엇인지에 대한 이해가 필요하다.

위대한 설교가 찰스 스펄전(Charles Spurgeon, 1834~1892)은 믿음의

세 가지 요소를 지식(Knowledge), 동의(Belief), 신뢰(Trust)라고 말한다. 세 요소는 순서가 매우 중요하다. 바뀔 수 없는 것이다.

믿음의 첫 번째 요소는 지식이다. 지식의 사전적 의미는 '어떤 대상에 대하여 배우거나 실천을 통해 알게 된 명확한 인식이나 이해'이다. 배움이나 경험으로 알게 되는 명확한 인식이 지식이라는 말이다. 성경이 말하는 복음을 한 문장으로 요약한다면 "죄로 멸망한 인간이 예수 그리스도의 십자가 대속을 믿음으로 구원에 받는다"라는 것이다. 이것을 이해하고 알게 되는 지식이 믿음의 첫 번째 요소이다.

믿음의 두 번째 요소는 동의하는 것이다. 동의는 알게 된 지식에 대해서 '뜻을 같이 한다'는 의미이다. 지식의 내용이 옳다고 받아들이는 것이다. 예수와 복음에 대해 알게 된 그 '지식'과 같은 생각을 하는 것이다.

그리고, 믿음의 세 번째 요소인 '신뢰'는 굳게 믿고 의지한다는 것이다. 행동은 자신이 믿는 가치를 따라 결정된다. 그러므로 믿는 것은 그 믿음을 따라 행동한다는 것이다. 그리고 믿음에 의지한다는 것은 기대는 것이다. 이전에 예수와 성경의 복음에 대한 지식을 이해하고 동의한다면 그것에 근거한 행동이 뒤따라야 한다. 예수의 복음을 들어서 이해하고 동의한 사람은 실생활에서 만나는 고민이나 선택의 기로에서 복음을 의지해서 선택하고 행동할 수 있어야 한다.

행함으로 증명되는 믿음

행동으로 믿음을 증명하라.

믿는다면 반드시 행동으로 증명해야 한다. 만약 내가 믿는 가치가 달라졌다면 당연히 행동의 변화를 요구받는다.

고 김대중 대통령은 "행동하지 않는 양심은 악의 편이다"라고 했다. 양심이라는 것은 결국 정의로운 마음의 상태일 것인데 그 마음이 행동으로 옮겨지지 않는다면 정의를 배반하고 악의 편을 드는 것과 같다는 것이다.

믿음도 마찬가지이다. 예수를 믿는다는 것은 교회에 열심히 출석하고 기도하고 성경을 배우는 것만으로 증명되지 않는다. 배우고 믿고 기도하는 대로 살 수 있어야 한다. 오히려 실제 생활 속에서 예수의 복음이 가르치는대로 행동하지 않는다면 그것은 가짜이거나 죽은 것이다. 그러므로 생활 속에서 노력하고 행동하는 것으로 믿음을 증명해야 한다.

믿음은 이해 (利害) 가 아니라 '옳음'을 선택하는 행동이다.

이스라엘이 가나안에 들어가기 위해 첫 번째 전쟁을 치른 여리고 성에서 있었던 일이다. 이스라엘이 여리고에 보낸 정탐꾼들이 쫓기다가 라합이라는 여인의 집에 숨게 되었다. 라합은 정탐꾼들에게 이스라엘과 여리고가 전쟁을 하면 이스라엘이 이길 것이니 그때 자신과 가족을 보호해달라는 부탁을 하고 약속을 받았다. 전쟁은 이스라엘의 승리로 끝나 여리고는 망했지만 라합과 가족은 약속대로 구원을 받았다.

라합은 왜 자신이 속한 공동체의 배신자가 되었을까? 라합은 이스라엘을 애굽에서 건지시는 여호와를 참 하나님으로 알게 되었다고 고백한다.

> 나는 주님께서 이 땅을 당신들에게 주신 것을 압니다. 우리는 당신들 때문에 공포에 사로잡혀 있고, 이 땅의 주민들은 모두 하나같이 당신들 때문에 간담이 서늘했습니다. 당신들이 이집트에서 나올 때에, 주님께서 당신들 앞에서 어떻게 홍해의 물을 마르게 하셨으며, 또 당신들이 요단 강 동쪽에 있는 아모리 사람의 두 왕 시혼과 옥을 어떻게 전멸시켜서 희생제물로 바쳤는가 하는 소식을, 우리가 들었기 때문입니다. 우리는 그 말을 듣고 간담이 서늘했고, 당신들 때문에 정신을 잃고 말았습니다. 위로는 하늘에서 아래로는 땅 위에서, 과연

주 당신들의 하나님만이 참 하나님이십니다. (여호수
아 2장 9-11절, 새번역)

라합의 선택은 아군과 적군의 구분보다 정의로운 하나님
의 군대와 악한 도성 여리고의 싸움으로 이해한 결과였다.

일제 강점기 위안부 할머니들의 실상을 알리고 돕기 위한
운동은 우리나라뿐 아니라 일부 일본인들에 의해 일본 본토
에서도 일어나고 있다. 한국의 위안부 할머니를 위하는 행동
은 어떤 일본인의 시각으로는 스스로 치부를 드러내는 배신
행위일 것이다. 그러나 이들의 행동은 더 넓고 깨끗한 시야
로 옳고 그름의 선택에서 '옳음' 즉 정의를 선택한 행동이다.
자신이 옳다고 믿는 가치를 위해 행동하는 것이다.

전인격적 구원

예수를 믿음으로 구원을 받는다. 그리고 구원의 대상은 인
간이다. 인간의 본성은 육체와 영으로 구성되어 있다는 것이
통상적 견해이다.* 이 견해에 따른다면 구원의 대상은 육체
와 영이 모두 포함된 전인격이 된다.

* 육체와 영으로 구성되어 있다는 견해를 이분설이라한다. 이분설의 일반적 견해와 함께 인간이 세
부분, 즉 육체와 혼과 영으로 구성되어 있다는 삼분설의 견해도 있다. 루이스 뻘콥은 삼분설은 성경적
연구의 결과가 아니라 헬라 철학에서 온 것이라고 평가한다.

그런데, 교회에는 마음으로는 믿는다고 주장하는데, 실제 삶에서 믿음의 행동을 찾아볼 수 없는 사람들이 있다. 마치 몸은 없이 영혼만 떠돌아다니는 귀신같은 존재들이다.

반대로 실제로는 예수와 복음 그리고 믿음에는 관심이 없지만 여러 가지 이유로 열심히 교회에 출석하는 사람들도 있다. 마치 영혼이 없이 몸만 돌아다니는 좀비 같은 존재다.

구원의 대상인 인간은 육체와 영을 모두 포함한 완전한 인격체로서의 인간을 말한다. 이념과 이론으로만 떠돌아다니는 귀신과 복음에 대한 동의와 신뢰 없는 교회 활동만 하는 좀비는 온전한 구원의 대상이라고 할 수 없다. 귀신도 좀비도, 사람이 아니니 구원의 대상은 아니지 않은가?

참된 믿음을 가지고 있다면 성도는 반드시 참된 복음을 알고, 동의한 후 복음을 신뢰하고 있음을 행동으로 증명할 수 있어야 한다. 그래야 참으로 믿는 것이라고 할 수 있지 않겠는가!

성경은 우리에게 단호하게 말씀한다.

> "행함이 없는 믿음은 그 자체가 죽은 것이라." (야고보서 2장 17절)

믿음대로 행동할 용기를 내라

탈출 노예 오네시모

주인의 재산을 훔쳐 달아난 노예 오네시모, 바울을 만나다.

신약 성경 중에는 한 페이지 분량의 짧은 바울의 편지가 있다. 빌레몬서이다. 바울이 빌레몬에게 개인적으로 쓴 것으로, 내용은 탈출한 노예 오네시모를 용서해달라는 것이다.

당시가 로마 시대라는 것을 감안하면 바울의 부탁은 매우 어렵고 위험을 감수해야 하는 내용이다. 로마 사회를 지탱하는 중추적 계급은 군인과 노예였다. 로마는 군인들이 전쟁을 통해 영토를 넓히고 정복지의 전쟁포로는 노예로 흡수되었다. 노예제도는 당시 로마의 사회, 경제의 중심을 이루는 중요한 제도였다.* 이러한 사회적 상황에서 탈출한 노예를 형제로 대해달라는 부탁은 그 말을 하는 바

> * 카일 하퍼(Kyle Harper)에 의하면 BC 1세기 로마 제국에서 노예는 인구는 30~40% 정도로 200~300만 명에 달했고, AD 260~425년에는 로마 인구의 10~15% 정도인 약 500만 명 정도가 노예였으며 노예를 소유한 사람은 로마 제국의 1.5%미만의 엘리트들이었다고 한다.

울이나 부탁을 받는 빌레몬에게 모두 매우 위험한 시도가 될 것이 분명하다. 노예 한 사람의 처우의 문제가 아니라 로마의 질서에 대한 반역으로 여겨질 수도 있는 사건이다.

AD 61년경 사도 바울은 로마에서 황제의 재판을 기다리고 있었다. 당시 황제의 재판을 기다리는 로마 시민은 가택연금 상태로 다소 자유로운 생활을 했다. 바울도 재판을 기다리며 연금되어 있던 2년간 사람들과의 접촉이 허용되는 등 다소 자유롭게 복음을 전할 수 있었다. 이때 바울이 만난 사람 중에 오네시모가 있었다.

오네시모는 골로새 지방의 노예였다가 주인의 재산 중 일부를 훔쳐서 탈출한 자였다. 당시 노예는 주인의 재산이었고, 노예를 죽이고 살리는 권한은 온전히 주인의 손에 있었다. 황제조차도 노예에 관해서는 주인의 동의를 얻어야 할 만큼 강력한 제도였다. 탈출 노예 오네시모는 사람들이 많고 복잡해서 숨어 살기 좋은 로마로 도주했다. 로마에 숨어든 오네시모는 가택연금 중이었던 바울을 만나게 되었고, 복음을 들어 회심한 후 갇혀있는 바울을 돕는 조력자가 되었다.

그러나 바울은 탈출한 노예를 무작정 옆에 두고 있을 수 없었다. 구약의 율법은 도망친 노예를 숨겨주고 보호하라고 하지만* 로

* 종이 그의 주인을 피하여 네게로 도망하거든 너는 그의 주인에게 돌려주지 말고 그가 네 성읍 중에서 원하는 곳을 택하는 대로 너와 함께 네 가운데에 거주하게 하고 그를 압제하지 말지니라 (신명기 23:15-16)

마법은 이와 달랐다. 바울은 오네시모를 주인에게 돌려줘야 만 한다. 왜냐하면 오네시모는 범죄한 노예이고, 주인의 재산일 뿐이기 때문이다. 만약 바울이 주인에게 돌려보내지 않는다면 로마의 법을 어긴 것이니 벌을 받게 될 것이다. 그리고 무엇보다도 오네시모가 복음의 사역자로 일하려면 신분의 문제는 반드시 해결되어야 하는 선결 조건이 된다.

오네시모를 염려하던 바울은 오네시모가 탈출한 집의 주인이 자신이 잘 알고 있는 빌레몬이라는 사실을 알게 되었다. 바울은 오네시모의 근본적인 문제를 해결하기 위해 편지를 쓰는데 그 편지가 빌레몬서다.

오네시모에게 편지를 들려 주인 빌레몬에게 보내다.

오네시모의 주인 빌레몬은 골로새 교회의 지도자였다. 바울이 에베소에서 선교할 때 복음을 듣고 회심한 후 바울의 동역자가 되었다. 그는 자신의 재산으로 이웃을 대접하는 등 그리스도의 사랑을 실천하는 신실한 사람이었다.

바울은 빌레몬에게 쓴 서신을 오네시모가 직접 가져가 전달하도록 했다. 바울의 시도는 모두에게 위험한 것이었다.

탈출한 노예가 직접 편지 한 장 들고 돌아가서 용서를 구한다는 것은 목숨을 걸어야 할 수 있는 일이다. 바울의 편지 한 장 때문에 주인이 자신을 용서할 것이라고 기대하기는 쉽지 않다. 오네시모는 목숨을 걸어야 하는 것이다.

빌레몬은 당시 사회의 기본적인 질서를 넘어서는 결정을 해야 하는 두려운 부담을 안게 된 것이다. 탈출한 노예가 돌아와서 용서를 구한다고 그를 더 이상 노예가 아니라 형제처럼 대한다면 과연 주인의 집에 노예들 중 도망치지 않을 자가 몇이나 되겠는가? 빌레몬의 결정은 잘못되면 자신이 평생 이루어놓은 모든 것을 무너뜨릴 수도 있는 것이다.

바울에게는 소중한 동역자 둘을 한꺼번에 잃을 수도 있는 무리한 도전이다. 편지를 받은 빌레몬이 자신의 재산권에 바울이 무리하게 관여한다고 느껴서 분노하고 오네시모를 용서하지 않는다면 바울은 오네시모를 죽음으로 내몬 것이고, 빌레몬과의 소중한 관계는 단절될 것이기 때문이다.

▎ 모두의 용기가 필요한 제안

빌레몬에게 오네시모를 형제로 대접하기를 권하다.

바울의 편지에는 오네시모를 갇힌 중에 낳은 아들이라고 소개하며, '이전에는 무익한 자였으나 이제 유익한 자가 되었고 그리스도의 복음을 위해서 너를 섬기는 대신 자신을 섬길 수 있도록 해달라'고 부탁한다. 그러나 빌레몬의 허락이 없이는 아무 일도 하지 않을 것이고, 허락은 억지가 아니라 기쁘게 스스로 결정하기를 바란다고 쓰고 있다.

자신의 부탁을 받아들인다면 오네시모는 더 이상 노예가 아니라 사랑하는 형제로 대접해달라고 요구한다. 왜냐하면 로마법에 따라서 종의 신분으로 바울에게 다시 돌려보낸다면 재산 거래 즉 빌레몬이 바울에게 오네시모를 기부하는 형식이 되지만, 사랑하는 형제로 대접한다면 사랑하는 형제 오네시모를 복음을 위해 바울에게 '떠나보내는 것 ^(파송)'이 되기 때문이다.

오네시모의 빚을 자신 앞으로 계산하라고 제안하다.

아울러 바울은 오네시모의 빚을 자기 앞으로 계산하라고 한다. 오네시모가 탈출 할 때 주인의 재물을 훔친 것을 일컫는 것이다. 친필로 쓴 편지는 법적 구속력을 갖게 되므로, 그럴 리는 거의 없겠지만, 빌레몬이 바울에게 요청한다면 오네시모가 훔친 재물을 갚아야 한다.

그리고 바울은 빌레몬 역시 바울에게 진 빚이 있다는 것을 상기시킨다. 그것은 바울을 통해 빌레몬이 복음을 접하고 예수를 믿어 회심한 것이다. 바울은 오네시모가 훔친 재물보다 빌레몬이 받은 복음이 훨씬 귀하다는 것을 말하고 있다.

아름다운 결과

바울의 서신을 들고 전 주인 빌레몬을 찾아간 오네시모는 어떻게 되었을까? 성경은 서신만을 소개할 뿐 이후의 일은 기록하지 않았다. 빌레몬이 사도 바울의 편지대로 오네시모를 용서하고 형제로 받아들였는지, 그랬다면 다시 바울에게 돌아온 오네시모는 어떤 사역을 감당했는지 성경에서 찾을 수는 없다는 말이다.

그러나 전승과 기록에 의하면 빌레몬은 오네시모를 바울의 권면대로 용서하고 형제로 여겨 다시 바울에게 돌려보냈고, 이후 오네시모는 복음을 위해 평생을 살았다고 한다.

오네시모에 대한 몇 가지 이야기들이 전해진다.

그 중 하나가 오네시모는 빌레몬의 허락을 받아 로마로 돌아와 바울을 도왔고 후에 스페인까지 가서 선교를 하다가 로마에서 순교했다는 이야기다.

한편 에베소 교회의 감독이었던 오네시모가 빌레몬서의 오네시모라고 추정하기도 한다. 만약 이 전승대로라면 오네시모는 디모데의 뒤를 이어 에베소 교회의 감독이 된 것이다. 에베소 교회는 사도 바울과 디모데에 의해 세워졌고 바울의 동역자 디모데가 목회하다가 후에 사도 요한이 말년에 섬겼던 교회이다. 만일 오네시모가 순교한 에베소 교회의 감독이라면, AD 70년경에 에베소로 이주해서 사도 요한과 함께 예수의 모친 마리아를 모시며 교회를 섬긴 인물이다. 에베소 교회의 감독이었던 오네시모는 트라야누스 황제 때 로마의 통치자 테르틸루스에 의해 109년에 순교 당했다고 전한다.

또 다른 한 명의 오네시모는 사데 교회의 감독을 도와 성경의 초본 편찬에 참여했던 유력한 평신도다.

전해지는 이야기들 중 누가 빌레몬의 용서를 받은 오네시모인지 정확하게 알 수는 없지만, 오네시모는 빌레몬의 용서 이후 분명 교회에서 자신의 역할을 감당했다고 보아야 옳을 것이다. 만약 그렇지 않았다면 빌레몬서는 아마도 성경에 포함되어 우리에게 전달되는 일은 없지 않았을까?

불편한 도전, 옳게 여기는 대로 실천하라

바울이 빌레몬에게 쓰고 오네시모에게 전달하도록 했던 서신은 모두를 불편하게 하고 모든 관계가 단절되는 결과를 맺을 수 있었다. 그러나 예수의 가르침과 성경의 지혜에 비추어 옳고 그름을 분별할 수 있었던 바울, 빌레몬, 오네시모는 위험하고 불편한 도전을 옳은 것을 선택함으로 이겨냈다.

그리고 그들의 선택이 옳았다.

성경은 지금도 쉽고 편한 방법을 찾으려 노력하기보다 올바르고 부끄러움이 없는 것을 선택하라고 권면한다.

> "내가 기도하는 것은 여러분의 사랑이 지식과 모든 통찰력으로 더욱 더 풍성하게 되어서, 여러분이 가장 좋은 것이 무엇인가를 분별할 줄 알게 되는 것입니다. 그리하여 여러분이 그리스도의 날까지 순결하고 흠이 없이 지내며, 예수 그리스도께서 주시는 의의 열매로 가득 차서 하나님께 영광과 찬양을 드리게 되기를, 나는 기도합니다." (빌립보서 1장 9-11절, 새번역)

당신이 지금 직면한 문제를 생각해보라.

반드시 실천해야 하지만 불편하고 위험해서 피하고 있는가? 반대로 옳지 않은 것을 알면서도 이러저러한 합리화의 핑계를 대며 미련을 버리지 못하고 있는가?

아는 대로 믿는 대로 실천할 수 있는 용기를 내기 바란다.

맺는 말

믿음과 순종으로 믿음의 조상이 된 아브라함, 능란한 처세술로 원하는 바를 얻기는 했지만 스스로 실패한 삶이라 고백한 야곱, 고난조차 하나님께서 사용하셔서 성공한 삶을 살게 하셨다는 요셉, 이집트 왕궁과 광야에서의 훈련을 통해 잘 준비되었던 지도자 모세, 각기 다른 신분적 배경에도 같은 꿈을 꾸고 마침내 비전을 이룬 여호수아와 갈렙, 인간적 약점과 사회적 제약에도 불구하고 하나님께서 들어 사용하신 사사들, 크게 촉망받지 못한 소년기를 보내고 왕이 된 후에도 많이 실수했지만 하나님 앞에 정직했던 다윗, 포로로 잡혀간 땅에서도 믿음과 비전을 지켜냈던 다니엘과 친구들, 안정된 생업과 신념보다 예수의 부르심을 따랐던 제자들, 타고난 금수저를 내팽개치고 고단한 전도자의 삶을 살았지만 잘 살았으니 너희도 나처럼 살라는 바울의 이야기를 살폈다

이들을 관통하는 가장 중요한 것은 '비전'과 '믿음'이다. 누군가는 그 믿음을 따라 하나님께서 주신 비전을 향해 행동하는 용기를 가졌고, 또 누군가는 세상의 가치에 유혹되고

자신을 더 믿는 실수를 저질렀다. 이것이 성공과 실패의 변곡점이 되었다.

사람은 누구나 성공한 삶을 살고 싶어 한다. 그러나 성공은 좀처럼 쉽게 얻어지지 않는다. 그래서 어떤 이들은 너무 높은 목표보다 성공 가능한 현실적인 수준으로 목표로 조정하라고 조언한다. 그러나 목표를 낮추고 꿈을 포기하면서 이루는 성공은 위장된 성공이다. (우성민, 꼴찌가 꼴찌에게 꿈꿔, 서울; 너의 오월, 2013, p.80)

위장된 성공은 오히려 자존감을 더욱 떨어뜨릴 뿐이다. 할만한 목표를 정하고 그것을 이루는 것은 엄밀히 말하면 성공이 아니라는 말이다.

하나님의 자녀로 이 땅에서 살아가는 이들은 성공의 기준이 세상과는 달라야 한다. 성도는 비전에 이끌려 살아야 하고, 믿음을 따라 행동해야 한다. 하나님을 바로 알고 믿음의 용기를 내어 비전을 향해 살아가면 우리의 수고와 노력이 미치지 못하는 그곳은 하나님께서 은혜로 채우신다. 우리는 그럴 가치가 있기 때문이다.

성경이 말하는 인간의 가치는 무엇인가? 하나님께서는 그의 아들 예수 그리스도를 내어주실 만큼 한 사람의 영혼을

귀중하게 여기신다. (요한복음 3장 16절)

하나님은 그의 피조물을 얼마나 사랑하시는지, 죄로 인해 의에 이를 수 없고 영원한 멸망 가운데 있게 되었을 때 독생자 예수 그리스도를 대신 죽을 속죄제물로 삼으셔서 구원하셨다. 이는 우리가 하나님께서 그리스도의 죽음으로 살릴 만큼 가치 있고 사랑하는 존재라는 것이다.

그러므로 우리는 자신에 대해 상황과 처지에 흔들리며 가치 없다 판단하지 말고, 할 수 없다 좌절하지 말고 말씀의 근거를 따라 자신의 귀중함을 알고 이를 회복하기 위해 기도하고 노력해야 할 것이다.

이 모든 것은 하나님과 그분의 말씀인 성경을 잘 아는 데서 출발한다. 은혜 안에 살고 싶다고 기도하지만 정작 말씀을 통해 은혜받는 방법을 제대로 찾지 않는다. 온갖 것을 해달라고 기도하지만 정작 아무런 노력도 행동도 하지 않아 아무 것도 준비되어 있지 않다. 신앙 생활에 말씀보다 소문이나 습관 혹은 그저 전통을 따라가기도 한다.

성경은 지금도 힘있게 우리의 삶에 허다한 질문에 답하고 모범을 제시한다. 성경의 인물들이 살았던 세대의 상황과 환경, 문명과 문화가 현재와는 확연히 다를지라도 인생을 향한 하나님의 섭리와 계획은 변함이 없기 때문이다. 그것이 완성된 성경으로 우리 곁에 있다. 우리 모두 여기에서 길을 찾고 비전을 발견해서 흔들리지 않는 믿음을 갖고 용감하게 행동하는, 세상이 감히 감당하지 못하는, 성공한 삶을 살아내기를 간절히 기대한다.

부록

부록1 # 성경은 믿을만한가?

서론

세대를 넘어 명작이라고 불리는 것들은 오랜 세월을 거쳐 인류에게 검증되고 인정을 받았다는 것을 증명합니다. 함무라비 법전이나 서양 문화 지혜의 보고라고 불리는 그리스 로마 신화 등이 그와 같습니다. 아울러 성경도 오랜 세월 인류의 검증을 받아서 현재까지 전해지고 있습니다.

성경의 독특함은 단순한 지혜의 창고만이 아니라 실제 생활에 영향을 발휘한다는 데 있습니다. 그리스 로마 신화와 같이 이야기와 지혜만을 말하는게 아니라 현재에도 여전히 신앙의 대상으로 많은 인류의 삶에 실질적으로 영향을 미치고 있다는 것입니다.

그러면 성경을 얼마나 신뢰할 수 있습니까? 어떤 이들은 성경에서 그리스 로마 신화 이상의 것을 기대하지 않을 것입니다. 그러나 어떤 이들에게는 성경이 삶에 가장 중요한 기준이 됩니다.

성경을 가장 잘 공부하는 방법은 아무런 전제 조건이나 편견 없이 공부에 임하는 것입니다. 시작도 하기 전에 미리 선입견이나 편견을 갖거나 거부한다면 제대로 알기 어렵고, 어떤 이익도 얻지 못합니다. 그렇다고 무턱대고 다 믿음이라는 이름으로 포장하고 의문을 갖는 것조차 거부하는 태도도 옳지 않습니다.

이제부터는 성경이 어떤 책인지 무엇을 말하려고 하는지 관심을 갖고 성경을 대한다면 그 안에 있는 진리와 지혜를 얻게 될 것입니다. 성경이 어떤 책인지 살피고, 과연 신뢰할 만한지 살펴보겠습니다. 성경은 신뢰할 만한 책인가? (권영문, 성경은 신뢰할 만한 책인가?, 뉴스엔조이, http://www.newsnjoy.or.kr)

성경은 하나님의 영감으로 쓰여서 무오함을 스스로 증언합니다.

영감의 사전적 의미는 '신령스러운 예감이나 느낌 혹은 창조적인 일의 계기가 되는 기발한 착상이나 자극'을 말합니다. 일반적으로 육감 혹은 아이디어가 비슷한 단어로 사용됩니다. 그러나 성경이 말하는 영감이란 '하나님의 숨결이 불어 넣어진 것'이라는 뜻입니다. 이는 하나님께서 성령을 통해 주시는 지혜나 생각, 혹은 예언자의 마음을 이끌고 성도의 심령을 고무시키는 성령의 사역을 일컫습니다. (교회용어사전)

성경은 스스로 하나님의 영감에 의해 쓰인 것이라고 증명합니다.

> "모든 성경은 하나님의 감동으로 된 것으로 교훈과 책
> 망과 바르게 함과 의로 교육하기에 유익하니 이는 하
> 나님의 사람으로 온전하게 하며 모든 선한 일을 행할
> 능력을 갖추게 하려 함이라" (디모데후서 3장 16,17절)

하나님께서 인간을 통해 성경을 기록하게 하실 때 인간 저자들이 오류 없이 하나님의 뜻을 쓰도록 능력으로 관여하셨다는 것입니다. 그러므로 성경은 스스로 하나님의 영감에 의해서 쓰였으니 오류가 없다고 증명합니다. 성경의 최종 권위는 하나님에게 있습니다.

성경은 불가능을 뛰어넘는 통일성을 갖습니다.

성경은 66권의 책으로 구성되어 있습니다. 예수님의 탄생

이전의 책 39권이 구약이고, 예수님 이후에 쓰인 27권을 신약이라고 합니다. 이 책의 40여 명의 저자들은 왕, 제사장, 목자, 전도자, 농부, 어부, 세리, 의사 등 다양한 직업과 배경을 가진 사람들입니다. 그리고 최초의 저자부터 마지막 저자까지는 약 1,600년의 세월의 차이가 있습니다.

성경 속 각각의 책들은 시간 공간 역사적 배경이 다르고, 저자들의 개성도 모두 다릅니다. 그러나 성경의 내용과 목적, 그리고 성경 속에 흐르는 모든 주장은 완전한 통일성을 가지고 있습니다. 그 중심에는 구속사*라고 부르는 예수님의 그리스도로서의 사역이 있습니다.

> * 구속사(救贖史, history of redemption) : 창세 전부터 정하신 하나님의 작정에 따라 예수 그리스도의 죽으심과 부활을 중심으로 타락한 죄인들을 구원하는 전 역사.

1,600년의 기간 동안 40명이 넘는 저자의 기록이 서로 모순되지 않게 주제의 통일성을 갖는다는 것은 성경이 하나님의 영감에 의해 쓰였다는 것에 대한 또 다른 증명이 됩니다.

성경은 본래의 내용이 변질되지 않고 보존되었습니다.

1,600년간 40여 명의 저자들에게 하나님의 영감으로 통일

된 주제로 성경을 쓰게 하셨을지라도 어떻게 보존되었는가에 따라서 신뢰의 정도가 달라집니다. 세월이 흐르고 후대로 전달되는 과정에서 본래의 내용이 변질되었다면 특별히 신앙의 대상이 되는 것은 불가능할 것입니다.

성경은 스스로 하나님께서 자신의 말씀을 소멸시키거나 변질하지 않도록 잘 보존하셨다고 증언합니다.

> 풀은 마르고 꽃은 시드나 우리 하나님의 말씀은 영원
> 히 서리라 (이사야 40장 8절)
> 하늘과 땅은 없어져도 내 말은 결코 없어지지 아니하
> 리라 (누가복음 21장 33절)
> 모든 육체는 풀과 같고 사람의 모든 영광은 풀의 꽃과
> 같으며, 풀은 마르고 꽃은 저도 주의 말씀은 영원토록
> 남아 있음이라 (베드로전서 1장 24,25절)

오래된 고문서들에 대한 신뢰도를 측정하는 고서 검증법도 성경의 보존을 증명합니다. (심영기, 고서검증법으로 본 성경의 신뢰도, http://creation.kr)

현재 우리가 가지고 있는 사본이 얼마나 원본에 가까운지를 고서 검증법 (Bibliographical Test) 으로 판단할 수 있습니다. 원

본이 없는 경우에도 이 방법으로 현재 가지고 있는 사본들을 서로 비교해서 원본과의 정확성 정도를 측정할 수 있습니다.

기원전 8세기경 기록된 그리스 시인 호메로스의 서사시 '일리아드'는 현재까지 알려진 수많은 책들 가운데 가장 신빙성이 높은 책으로 인정받고 있습니다. 그렇다면 '일리아드'와 신약성경, 이 두 책 중에 어느 책이 더 신뢰도가 높을까요?

성경은 원본이 발견되지 않았습니다. 그래서 성경 정통성에 대해 의문을 가질 수 있습니다. 그러나 성경은 다른 고대의 문서들보다 신뢰할만합니다. (존 드레인, 성경의 탄생, 서울, 옥당 2019, p48) 오히려 사본의 수, 원본과 최초 사본의 시간적인 차이, 오류의 정도 등을 비교 조사했는데, 그 결과 신약성경이 '일리아드'보다 훨씬 높은 정확도를 갖는 것으로 나타났습니다. 고서 검증학자들은 신약성경의 사본이 원본과 다름이 없는 신뢰할 만한 책이라고 인정하는 것입니다.

구약성경도 이런 방법으로 검증할 수 있습니다. 구약성경의 사본은 사해 사본과 맛소라 사본 두 가지가 있습니다. 사해 사본이란 1947년에 사해 바다 북쪽에 있는 쿰란 공동체 동굴에서 발견된 것으로 BC 130년경에 기록된 것입니다. 그리고 맛소라 사본은 유대 전통주의자들인 맛소라들이 구약성경을 보존하고 전수하기 위해 만든 사본으로 AD 900년 경에 기록되었습니다.

구약성경의 마지막 책인 '말라기'는 BC 430년경 쓰였습니다. 앞서 살핀 사해 사본과는 약 300년, 그리고 맛소라 사본과는 약 1,300년이 넘는 간격이 있습니다. 그런데 말라기의 사해 사본과 맛소라 사본을 비교한 결과 두 사본이 완전히 일치했습니다.

이렇게 신약성경과 구약성경 모두 자신의 증언이나 고서 검증법에 따른 고증의 결과로도 절대적으로 신뢰할 수 있는 책이라는 것이 증명되었습니다.

성경을 어떻게 공부해야 합니까?

두 가지의 접근법을 갖는 것이 좋습니다.

첫째는 교훈의 대상으로 접근하는 것입니다. 역사상 가장 많은 언어로 번역되고 현재도 가장 많이 팔리고 있다는 것은 오랜 세월 인류에 의해 충분히 교훈과 지혜를 얻을 수 있는 책이라는 것이 증명된 것입니다. 성경을 읽을 때 현재 나의 생활에 구체적으로 어떤 교훈과 해결책들을 제시할까 상상하면서 접근하는 것이 첫 번째입니다. 이는 아주 가볍게 접근하는 방법입니다.

둘째는 신앙의 대상으로 접근하는 것입니다. 성경은 하나님의 영감에 의해서 통일성을 갖고 기록되었고, 충분하게 잘 보존된 책입니다. 교훈을 얻는 것도 중요하지만 성경의 본래 가장 중요한 용도는 신앙 즉 믿음을 위한 책입니다. 책은 하나님의 의도를 적고 있고, 하나님께서는 책을 통해 인류에게 말씀하고자 하는 것이 있는데 그것이 바로 '구속사'입니다. 성경을 읽으면서 이런 하나님의 의도를 생각하고 믿음을 키우는 것이 두 번째 접근법입니다. 이 접근법은 매우 근본적이고 중요하고 무거운 접근 방법입니다.

부록2 교회란 무엇인가?

교회의 정의

국어사전이 설명하는 교회의 의미는 '예수 그리스도를 주로 고백하고 따르는 신자들의 공동체, 또는 그 장소'입니다. 신약성경이 쓰인 헬라어로 '교회'는 에클레시아 (ἐκκλεσία) 로 '불러 모으다'라는 단어 에켈레오 (ἐκκαλεώ) 에서 파생되었습니다. 그러므로 성경이 말하는 교회는 '하나님께 부르심을 받은 성도들의 모임'이라고 정의할 수 있습니다. 하나님의 은혜로 부르심을 받아 믿음의 공동체에 속하게 되었다는 의미입니다.

따라서 이 공동체, 즉 교회의 머리는 예수 그리스도입니다. 그리고 교회 공동체에 속한 성도의 삶의 목표는 일생의 삶을 통해 예수 그리스도를 닮아가는 것입니다.

성도가 예수를 닮아가는 평생의 여정을 신학 용어로 '성화'(sanctification) 라고 합니다.

교회 안에 가짜가 있을 수 있습니다.

교회는 예수를 믿는 사람들의 모임이고, 목표는 예수를 닮아가는 것이라고 했지만 실제 세상에 존재하는 교회 속에는 문제점이 발견되는 것이 사실입니다.

범죄를 저지르는 목사 혹은 성도들의 이야기가 뉴스에서 보도될 때마다 많은 사람들이 교회를 미워하고 배척합니다. 아마도 말로는 사랑하며 옳게 살라고 하면서 정작 교회가 옳지 못하게 죄를 저지른다고 생각하게 되어 실망하기 때문일 것입니다.

그러나 세상에 존재하는 모든 공동체와 조직들에는 옳지 못한 개인이 속해 있는 것이 사실입니다. 범죄자를 잡아야 하는 경찰이 범죄를 저지르고, 올바른 판단으로 정의를 세워야 하는 판사가 사익을 위해서 굽은 판단을 하기도 합니다. 사랑으로 아이들을 돌봐야 하는 교사가 아이들을 학대하기도 합니다. 그렇다고 일부 잘못된 경찰이나 판사를 근거로 그 조직 전체가 부정하다고 말할 수 없습니다. 모든 선생

님들을 파렴치한으로 치부할 수 없습니다. 이유는 그들의 범죄가 경찰이나 사법부의 본질이 아니고, 몇몇 교사의 일탈이 전체를 대표하지 않기 때문입니다.

교회에도 옳지 못한, 혹은 가짜 구성원들이 존재하는 것이 사실이지만 이는 교회의 본질이 아닙니다. 다시 강조하지만, 올바른 교회는 예수를 믿는 성도들의 공동체이고 이 공동체는 머리 되시는 예수를 닮아가기 위한 삶의 여정을 살아내려고 노력합니다. 사회의 법조차 지키지 않는 범죄자가 성도의 평균이 아닙니다.

교회에 대한 이해를 방해하는 오해

사람들은 자신들이 만들어 놓은 선입견 때문에 교회를 오해하기도 합니다.

일제 강점기 평양 장대현교회에서 시무하셨던 길선주 목사님께서 어느 주일에 천국에 대해 설교하셨습니다. "천국은 좋은 곳입니다. 남자와 여자의 구별이 없고, 신분과 계급의 구분이 없고, 부자와 가난한 자의 구분이 없습니다."

설교가 끝나자 한 여인이 목사님께 이렇게 질문했습니다.

"천국에는 계급의 구분이 없다고 하셨는데 그러면 천국에서는 나와 내 몸종이 같아지는 건가요?" 길선주 목사가 그렇다고 답하자 여인은 "그럼 나는 천국에 가지 않겠습니다. 나와 몸종이 같은 대접을 받는 곳은 천국이 아닐 겁니다."라며 돌아갔다고 합니다. 자신의 선입견 때문에 천국을 오해한 것입니다.

예수님에 대해서도 선입견 때문에 오해하는 부분이 있습니다. 예수님은 백인입니까? 유대인입니까? 우리가 흔히 보는 초상화 속 예수는 대부분 백인입니다. 그러나 성경에 의하면 예수님은 분명 유대인입니다. 하얀 피부에 금발이 아니고, 거무잡잡한 피부에 검은 곱슬머리였을 것입니다. 영국 BBC에서 2001년에 예수와 동시대의 팔레스타인 유골들을 분석해서 유대인 예수의 초상화를 그렸습니다. 그 그림이 실제 예수의 모습에 더 가깝겠지만 많은 사람들에게 호감을 얻지 못했습니다. 그러나 예수님은 우리에게 익숙한 백인이어야 한다는 것 역시 선입견에 의한 오해입니다.

오해에 빠지지 않으려면 바로 알아야 합니다. 교회에 출석하는 성도들 중에도 교회가 무엇인지, 무엇을 믿는지, 예수 그리스도의 복음이 무엇인지 잘 모르고 맹목적인 믿음을 추구하는 사람들이 있습니다. 그러나 맹목적인 믿음은 이성적인 판단을 할 수 없다는 약점을 가지기 때문에 거짓에 취약합니다. 이러한 약점을 극복하기 위해서는 올바른 (이단이 아닌) 교회에서 설교를 듣고, 성경을 배우는 것이 중요합니다.